# Flügel für einen Engel

## ♥ KING OF LOVE ♥

Bild: Marion Schreiben, Deutschland

# Jutta Keitmeier, Martina Kainz
## Flügel für einen Engel
### ♥ *King of Love* ♥

Bild: Inna Budnik, Russland

Bibliografische Information der Deutschen
Nationalbibliothek:
Die Deutsche Nationalbibliothek verzeichnet diese
Publikation in der Deutschen Nationalbibliografie;
detaillierte bibliografische Daten sind im Internet über
http://dnb.d-nb.de abrufbar.

© 2012 Martina Kainz
Titelbild: Martina Kainz
Herstellung und Verlag: Books on Demand GmbH,
Norderstedt
ISBN: **9783848228584**

Bild: Artemi Orlow, Deutschland

*„ Jeder der mich kennt wird die Wahrheit wissen.*
*Meine Kinder sind mir das Wichtigste und*
*ich würde niemals ein Kind verletzen."*

Michael Jackson

Bild: Inna Budnik, Russland

Bild: Louise Verseau, Russland

*"Lasst uns von morgen träumen,
wo wir ehrlich aus der Seele lieben und wissen,
dass Liebe die ultimative Wahrheit
im Herzen aller Geschöpfe ist."*

*Michael Jackson*

Bild: Carol Heyer - www.carolheyer.com - USA

**Eines** Abends unterhielten sich zwei Engel im Himmel. Sie saßen beieinander auf einer flauschigen Wolke, tranken heiße Schokolade und sprachen über ihr jeweiliges Leben, dass sie auf der Erde hatten.

Das junge Engelsmädchen meinte: „Auf der Erde hieß ich Isabell und hatte eine ältere Schwester. Unsere Eltern hatten Herzen aus Gold. Sie liebten uns über alles! Meine Schwester und ich wurden mit Zärtlichkeiten überhäuft, jede freie Minute verbrachten die Eltern mit uns, sie sagten uns jeden Tag, wie sehr sie uns liebten. Wir liebten unsere Eltern genauso sehr, vielleicht sogar noch mehr! Leider blieb mir mit diesen wundervollen Menschen nicht viel Zeit. Mein Leben war kurz. Ich war erst fünf Jahre alt, als ich meinen Eltern durch einen Unfalltod entrissen wurde". Das Mädchen schwelgte mit einem traurigen Blick in Erinnerungen.

Der andere Engel schwieg ein paar Minuten lang ehrfürchtig. Isabell sah den anderen Engel an. Es war ein Mann von etwa fünfzig Jahren, traurigen Augen und unendlich viel Liebe im Herzen. Das hatte sie sofort bei der ersten Begegnung gespürt.

Isabell forderte: „Du hast viel länger gelebt als ich. Du hattest mehr Zeit auf der Erde. Erzähle mir von deinem Leben."

Der erwachsene Engel trank von der heißen Schokolade, blickte Isabell in die Augen und begann zu erzählen: „Ich kam als Junge auf die Welt. Mein Name war Michael. Mit vielen Geschwistern lebte ich bei einer fürsorglichen Mutter und einem strengen Vater. Noch bevor ich meine Kindheit ausleben konnte, war sie schon vorbei. Das

machte mich unendlich traurig, denn ich wollte spielen –
wie all die anderen Kinder auch. Aber ich musste arbeiten
und dabei sehr präzise sein. Meinem Vater fiel jeder noch
so kleine Fehler auf. Meine Geschwister waren meine
Freunde und meine Arbeitskollegen. So wuchs ich auf".

Engel Isabell zeigte sich erschüttert: „Du musstest
arbeiten und durftest nicht spielen? Das ist gemein. Ich
kenne Arbeit gar nicht. Musstest du dein ganzes Leben
lang arbeiten?"

„Ja Isabell. Aber für meine viele, harte Arbeit wurde ich
belohnt: ich habe viele Ziele erreicht, Rekorde aufgestellt
und gebrochen und bekam viele Preise. Ich erinnere mich,
dass es jedes Mal ein tolles Gefühl war, einen Preis zu
bekommen. Aber für mich waren die Menschen, die hinter
den Preisen standen, viel wichtiger: meine Fans!"

„Michael, was sind Fans?".
Michael lächelte Isabell liebevoll an und erklärte: „Das
waren die zahlreichen, liebevollen, herzlichen Menschen,
die mich immer unterstützt haben, die mich liebten und
die ich liebte.
Manchmal glaubte ich, meine Fans sind meine himmlische
Unterstützung, die Gott mir geschenkt hat. Genauso wie
die Engel, die sich um mich kümmerten, bevor ich
geboren wurde. Meine Fans waren meine Engel auf Erden
und dafür habe ich sie unendlich geliebt!"

„Waren deine Fans immer da? Waren sie immer bei dir?",
fragte das Mädchen neugierig.

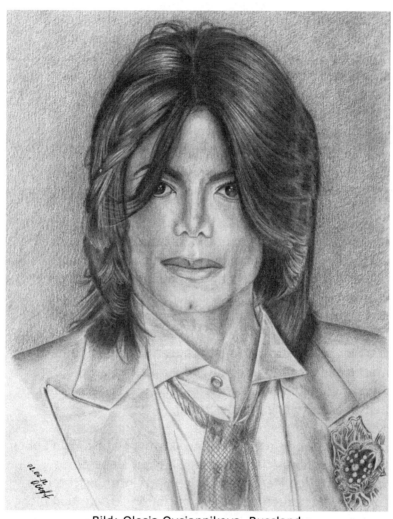

Bild: Olesia Ovsiannikova, Russland

„In dem für mich vorgesehenem Leben gab es viele Momente und Situationen, in denen ich meine Fans brauchte. Ja, sie waren immer da, sie unterstützen mich in allen Lebenslagen. Dafür war ich ihnen so sehr dankbar, dass ich dafür keine Worte finden kann!"

„Was waren das für Momente, Michael?"
„Mein Leben hatte viele Höhen und Tiefen. Viele Menschen mit schlechtem Karma haben versucht, mich von meinem Weg abzubringen, mich zu brechen, mich zu zerstören. In meinem Leben wurde ich geschlagen, gedemütigt, belogen, betrogen, war schrecklich einsam, mehrfach zu Unrecht für sehr schlimme Dinge angeklagt, Menschen versuchten mich zu manipulieren und zu erpressen. Mein Leben war nicht nur schön. Ich habe die guten und die schlechten Eigenschaften der Menschen kennen gelernt. Das tat manchmal sehr weh und schmerzte furchtbar!"

„Das ist schrecklich! Das ist grausam und gemein! Das macht mich traurig und wütend zur selben Zeit!". Dem Engelchen glitt vor lauter Aufregung die Tasse mit der heißen Schokolade aus der Hand.

„Sei nicht traurig mein geliebter kleiner Engel! Mein Leben war auch schön. Ich hatte die Fähigkeit Liebe zu verbreiten, den Menschen Lächeln auf ihre Gesichter zu zaubern, Vertrauen zu geben, gutmütig zu sein und nicht zu ruhen, solange es Unrecht, Kriege, Gewalt und Hass gab. Ich bemühte mich sehr, ein gutes Vorbild zu sein. Viele, wichtige Botschaften hatte ich zu vermitteln. Leider haben manche Menschen sie nicht hören und verstehen wollen. Aber ich wusste, dass ich auf meine Fans zählen konnte. Sie haben meine Botschaften, die mein Herz erfüllten, verstanden und weiter gegeben. Sie leben meine Botschaften! ...Ich liebe sie! Ich liebe sie mehr! Ich liebe jeden einzelnen von ihnen aus tiefstem Herzen! Isabell, bitte merke dir und bitte glaube mir: Liebe ist immer stärker als Hass!"

„Ich weiß was Liebe ist, Michael! Ich weiß nicht mehr wie der Ort hieß oder wo genau er war. Es war bevor ich geboren wurde. An dem Ort umgab mich Geborgenheit. Eine angenehme Wärme der Liebe durchströmte mich. Sicher, geliebt, geborgen und wohl habe ich mich gefühlt. Ich glaube es waren die Engel im Himmel, die sich wundervoll um mich kümmerten."

Michael hatte Tränen in den Augen.
„Leider kann ich mich an diesen Ort nicht mehr erinnern mein Liebes. Dafür bin ich vielleicht zu alt oder ich habe es einfach vergessen.".

Die beiden Engel schwiegen eine Weile. Im Stillen rannen Tränen über Michael´s Wangen.

„Michael, warum weinst du?", fragte das kleine Engelsmädchen mit zaghaft flüsternder Stimme.
„Ich vermisse sie", Michael´s Tränenerstickte Stimme klang leise und schmerzerfüllt, „meine Fans, ich vermisse sie so sehr. Jeden einzelnen von ihnen möchte ich bei mir haben."

Michael blickte dem Mädchen in die Augen. „Am meisten schmerzt, dass ich mich nicht richtig von ihnen verabschieden konnte. Nach ihnen sehne ich mich so sehr.".

„Bist du nach deinem Tod einfach von ihnen gegangen?"
„Nein. Nein, ich war noch eine Weile auf der Erde. Nach meinem Tod war ich bei ihnen. Ich hatte sie nicht verlassen. Ich habe versucht sie zu trösten, ihre Tränen zu trocknen, sie zu halten und sie in meinen Armen zu wiegen. Doch da ich ein Engel war, konnten sie mich nicht sehen. Aber hoffentlich konnten sie mich spüren. Sie sind in meinem Herzen und ich in ihren. Solange ich in ihren Herzen wohne bin ich bei ihnen. Sie tragen einen Teil von mir in sich. Sie sind die Menschen die ich liebe. Sie sind meine Engelsschar. Jeder einzelne von ihnen ist ein Engel, denn sie tragen ein Stück eines anderen Engels in ihren Herzen. Wenn sie mit offenen Augen durch den Tag gehen, werden sie mich sehen und fühlen. Ich bin das Lächeln, die Umarmung, der Regenbogen, das Verzeihen, die Liebe und die Gnade. Ich wünsche mir, dass sie mich sehen und fühlen können."

Das Engelsmädchen nahm Michael tröstend in ihre Arme, wischte seine Tränen weg und wusste Antwort:
„Du brauchst nur ein wenig Geduld, Michael. Deine Fans sind deine Engel, sie tragen dich in ihren Herzen, sie tragen deine Botschaften in die Welt hinaus. Wenn du nur etwas Geduld hast, werden sie alle im Laufe der Zeit wieder zu dir kommen. Dann sind alle hier bei dir im Himmel."

Michael sah Isabell verblüfft an. „Du hast Recht mein Engel. Auf den zahlreichen weichen, flauschigen Wolken ist noch viel Platz. Ich warte hier auf sie. Eines Tages, wenn die Zeit gekommen ist, lege ich meine weißen Flügel mit goldenem Rand, um jeden einzelnen von ihnen, um sie mit einer liebevollen, herzlichen Umarmung im Himmel willkommen zu heißen. Dann sind wir alle wieder vereint."

© Jutta Keitmeier, DE

Bild: Inna Budnik, Russland

Bild: Anette Schmidt, Deutschland


"Wir müssen unsere verwundete Welt heilen.
Das Chaos, die Verzweiflung und die sinnlose Zerstörung,
die wir heute sehen, ist ein Resultat der gefühlten
Entfremdung von den Menschen gegenseitig und von der
Umwelt."

Michael Jackson

Bild: Marion Schreiber, Thüringen, Deutschland

## Lieber Michael,

jetzt bist Du schon über drei Jahre nicht mehr bei uns, bist an einen besseren Ort gegangen und wohnst in Deinem Schloss im Himmel, tanzt den Moonwalk mit den vielen Engeln, die Dich jetzt begleiten und wirst beschützt und umarmt von unserem Schöpfer.

Täglich schaue ich voller Wehmut in den Himmel und wünschte, Du würdest zurückkommen und alles wäre wieder so wie früher.

Immer wieder sehe ich Deine strahlenden Augen, Dein wunderschönes Lächeln und Deine liebevollen Gesten. Ich höre Dir zu wie Du sprichst und singst, fühle Deine Aura und weiß, dass Deine reine Seele hier geblieben ist. Die bedingungslose Liebe, die Du uns Zeit Deines Lebens geschenkt hast, hat uns nicht verlassen und lebt in unseren Herzen weiter. Man sagt immer, dass die Zeit Wunden heilt. Nun – es sind mehr als zwei Jahre vergangen, aber die Wunde ist noch da, sie lässt sich nicht schließen, ebenso nicht die große Lücke, die Du hinterlassen hast. Dein Thron ist leer – nie wieder wird ihn jemand besteigen. Die Trauer verwandelt sich aber ganz langsam und macht Platz für die unzähligen wunderschönen Erinnerungen an Dich.

Michael, Du bist erst in mein Leben getreten an dem Tag, an dem Du die Welt verlassen hast. Seitdem hast Du Dich in mir ausgebreitet, wirbelst in meinen Gedanken, bist im Sturm in mein Herz eingezogen. Dein Leben flimmerte in jenen Tagen noch einmal über die Bildschirme und fortan hast Du mich fasziniert. Anfangs war ich erschrocken über die Wucht der Emotionen und konnte nicht einordnen, was mit mir passierte. Aber mit der Zeit lernte ich zu verstehen:

Ich lernte den Menschen Michael Jackson kennen, diesen Wundervollen, sanftmütigen, liebevollen Menschenfreund, dem es immer darum ging, die Welt zu einem besseren Ort zu machen, sie zu heilen und anderen, besonders kranken und bedürftigen Kindern, zu helfen. Den Michael Jackson, dem es egal war, ob ein Mensch schwarz oder weiß ist oder welcher Religion er angehört und der sich, wo er auch hinkam, zuerst um andere sorgte. Den Michael Jackson, der überall auf der Welt die Menschen in seinen Botschaften und seiner Musik vereinte und für den es immer wichtig war, dass die Würde eines jeden Menschen gewahrt und geachtet wird. Den Michael Jackson, der selber so lange um seine Würde kämpfen musste, der verspottet und verleumdet wurde und der trotzdem immer zu dem stand, was er tat und seinen Kritikern stets aufrecht gegenübertrat.

Ich habe eine sehr, sehr große Achtung vor Dir, Michael, und sie wird jeden Tag größer. Und ich bin stolz darauf, zur selben Zeit auf dieser Erde sein zu dürfen, in der Du auch hier warst. Aber ich bin auch sehr traurig, dass mir das erst mit Deinem Tod bewusst wurde. Wenn ich noch einmal die Chance hätte, Dich irgendwo auf der Welt zu treffen, ich würde alles fallen lassen und dorthin gehen. Ich beneide die vielen Millionen Menschen um ihre Erinnerungen daran, Dir einmal nah gewesen zu sein oder eines Deiner grandiosen Konzerte erlebt zu haben. Um ihre Erinnerungen an Deine unglaubliche Energie, die Du auf der Bühne versprüht hast und an den Spaß, den Du dabei hattest.

Michael Du bist von uns gegangen, aber für mich bist Du lebendig, denn Du lebst jetzt täglich in meinen Gedanken und in meinem Herzen. Und ich möchte mein Leben in Deinem Sinne weiterführen und mithelfen, dass auch nachfolgende Generationen auf unserem schönen Planeten noch ein lebenswertes Leben führen können. Ich möchte dazu beitragen, dass Dein Vermächtnis nicht in Vergessenheit gerät, damit auch noch unsere Kinder und Enkelkinder Dich und Deine Musik lieben und wissen, wer Michael Jackson war.

Ich wünsche Dir, dass Du glücklich bist und die unendliche Liebe spürst, die Dir entgegengebracht wird.

RIP Michael – I love you from the bottom of my heart.

Brigitte Hoffmann, Deutschland

Bild: Brigitte Milanian, Deutschland

**Ein Gedicht ohne Namen**

Ein Mann namens Michael Jackson „moonwalkte" über den
Planeten Erde
und die Erde war nie mehr dieselbe.
Seine Musik echot im Wind, der durch die Straßen
Istanbul´ s fegt.
Sein Tanz vibriert in Wellen, die die Küsten Singapur´ s
lecken.
Dieser Mann namens Michael Jackson
hat nicht nur geredet,
sondern er ist den Weg auch gegangen....
Seine Lieblichkeit schien in jedem Lächeln jedes Kindes
das geboren wird:
Tahitisch, Kenianisch, Russisch oder Ägyptisch
Schwarz, Weiß, Afrikanisch oder Kausisch.
Seine heilende Hand hat jeden Winkel dieses kränkelnden
Planeten berührt.
Er ist nicht nur „gemoonwalkt".
Er brachte die Erde zum Beben, mit jedem Schritt den er
machte.
Nun ist es Zeit für die MJ Familie sich wieder zu vereinen,
in seine Fußstapfen treten
und der ganzen Welt zeigen das
L.I.E.B.E. möglich ist.
Und all das ist real.
Ein Mann namens Michael Jackson „moonwalkte" über den
Planeten Erde
Und die Erde wird nie mehr dieselbe sein.
Niemals wieder.

Sezin, Türkei

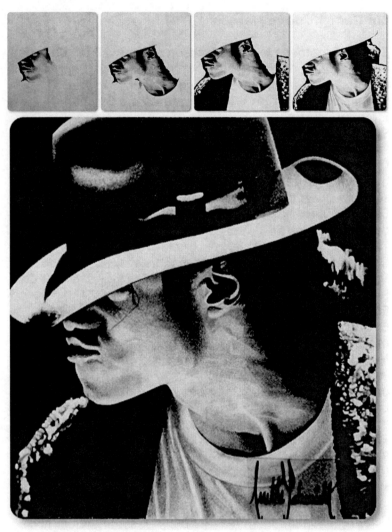

Bild: Anette Schmidt, Deutschland (Billie Jean Entstehung)

## Liebe für Michael Jackson

Warum liebe ich Michael Jackson?
Ich denke nicht, dass es eine Notwendigkeit gibt
ihn zu lieben.
ER ist der Weg und jeder kann sich in ihn verlieben!
Seine Augen, sein Lächeln, sein Herz,
die Art wie er läuft und
die Art wie er lacht, wie er in die Kamera sieht,
und du fühlst, dass er dich ansieht.

Die Art wie er seine Lieder singt
und du spürst, sie werden nur für dich geschrieben.
Die Art wie er „Ich liebe dich" sagt.

Du willst alles dafür stehen lassen!
Und die Art, wie mir Tränen in meine Augen steigen
wenn ich dies schreibe....

Seine Art zu denken,
die Art wie er lächelt, wenn Kinder an seiner Hand sind.

Seit meiner Kindheit
habe ich nie davon geträumt Jemanden so zu lieben,
wie ich Michael liebe!
Ich habe nie Jemanden gekannt,
den ich so lieben könnte.
Ich fühle es einfach und es fühlt sich gut an!

Meine Schmerzen, mein Leid
sind Nichts, wenn ich sein Gesicht sehe.

Er ist mein Gott.
Ich weiß, Gott ist der, der uns alle schuf,
aber wer und wie ich bin -
Michael ist der Grund!

Er hat mich zu einer besseren Person gemacht.
Er brachte mir bei
den Schmerz zu fühlen,
wie zu trösten,
wie zu helfen.

Er hat mir einfach beigebracht,
was die Bedeutung der Liebe ist,
L.I.E.B.E.

Ich will keine Nummer eins Liebhaberin sein,
ich will Michael lieben!

Soniya, USA

Bild: Inna Budnik, Russland

## Lieber Michael

Durch den Zeitunterschied zwischen L.A. und Deutschland veränderte sich die Welt für mich am 26.06.2009 um 8.00 Uhr am Vormittag. Ich schaltete wie immer mein Radio an, als der Sprecher sagte, Michael Jackson sei tot. NEIN, das kann nicht sein, dachte ich, das ist unmöglich. Oh Gott, bitte nicht Michael! Ich schaltete meinen Fernseher ein und schaute N-TV. Da warst Du Michael und am unteren Rand des Bildschirms der Text „Michael Jackson ist tot". Ich war wie erstarrt. Mein Herz sagte nein, das ist nicht wahr. Du wolltest doch noch einmal zurück auf die Bühne kommen und Deine Abschiedkonzerte in London in der „02" Arena geben. Danach hattest Du andere Pläne und wolltest als Regisseur arbeiten. Ich sah in den Fernseher und was ich da sah wollte ich einfach nicht glauben. Du Michael, der beste und liebste Mensch auf unserer Erde, sollte nicht mehr da sein? Du warst doch gerade erst fünfzig Jahre alt und es war noch viel zu früh zum Gehen.

Ich sah Dich auf dieser Trage liegen und es war schrecklich und unerträglich Dich so zu sehen. Meine Tränen liefen ununterbrochen und ich war außer mir. Du bist mit mir aufgewachsen. Ich bin vier Jahre älter als Du und Du hast schon immer zu meinem Leben dazu gehört. Als kleiner Junge, als du mit deinen Brüdern auf der Bühne gestanden hast, hattest Du schon eine sehr schöne gefühlvolle Stimme. Ich war da schon fasziniert von Dir. Du warst etwas ganz Besonders, das konnte man damals schon spüren.

Als Du dann später Deine Solokarriere begonnen hast, blieb mir echt vor Begeisterung und Bewunderung die Luft weg. Du warst so fantastisch. Deine Stimme war einmalig, wundervoll, emotional und voller Gefühle. Du warst bei all Deinen Songs mit Deinem ganzen Herzen und Deiner Seele dabei. Deine „Hee Awau" waren einmalig und so schön, dass wird es nie mehr geben. Dein Tanz war einfach göttlich, ich konnte meine Augen nicht von Dir lassen. Du warst der beste Entertainer aller Zeiten. KING OF POP, das warst Du und wirst Du immer bleiben.

Keiner wird jemals das erreichen was Du erreicht hast. Ich höre Deine Lieder jeden Tag und sehe mir Deine Videos an. Ich kann auf Dich und Deine Musik nicht einen Tag lang verzichten.

Bild: Maria Rachko, Russland

Du warst der beste Mensch auf Gottes Erde, jedes Lebewesen war Dir wichtig. Du hast die Rasse „Mensch" geliebt wie kein Anderer. Die Kinder dieser Erde waren Dir besonders wichtig. Du hast sie aus reinem Herzen geliebt und hast alles für sie getan, was Dir möglich war. Die Kinder haben Deine reine Liebe gespürt und Dich genau so geliebt wie Du sie. Was Du gespendet hast, war so unglaublich viel. Ach Michael, Du fehlst mir so sehr.

Damals nach diesem Prozess gingst Du nach Bahrain. Ich konnte das sehr gut verstehen. Sie haben dich heimatlos gemacht. Du konntest nicht mehr zurück auf deine geliebte Neverland Ranch. Sie haben Dir alles genommen, die Ranch auf den Kopf gestellt und NICHTS gefunden. Trotzdem haben sie Dich angeklagt. Ich habe nicht eine Sekunde geglaubt was sie Dir vorgeworfen haben. Lieber Michael, der Einzige, der damals bei diesem Prozess vollkommen unschuldig war, warst Du. All diese Menschen, die Dich Verleumdet haben und Lügen über Dich erzählten, sind nicht dafür bestraft worden und haben sich nicht einmal bei Dir entschuldigt. Das ist für mich unfassbar.

Es wird nie mehr einen so wundervollen, gefühlvollen, sensiblen und tollen Menschen geben wie Dich, lieber Michael. Ich bin froh dass ich zur gleichen Zeit leben durfte wie Du.
Die Welt ist ohne Dich nicht mehr wie sie war. Sie ist ärmer geworden und Du fehlst so sehr. Ich habe Dich schon immer geliebt, aber wie sehr, dass ist mir erst an diesem schrecklichen Tag klar geworden. Du hast aus mir einen besseren Menschen gemacht, lieber Michael. Der Schmerz, dass Du nicht mehr da bist, wird niemals enden. Wenn ich Dich lachen höre oder lächeln sehe, zerreißt es mir das Herz. Wenn ich Deine Musik höre und Dich in Deinen Videos sehe, tut das gleichzeitig sehr weh und auch sehr gut.

Prince, Paris und Blanket haben den besten Daddy auf der ganzen Welt verloren und die Welt hat den größten Humanisten aller Zeit verloren.

R.I.P. Michael, I love you more and miss you so much
Forever and always

God bless Prince, Paris and Blanket

Yours Doris

Bild: Ira Linke, Deutschland

*Inna Budnik*

Bild: Inna Budnik, Russland

## Michael Jackson: ein kleines Gedicht

Wie eine lebendige, bernsteinerne Flamme gegen die
Dunkelheit des winterlichen Himmels,
brachtest du uns Wärme, Schönheit, Magie und ewiges
Licht,
aber mit nur einem unbeholfenen Atemzug bist du
gegangen...
Rauch erfüllt die Luft um uns, ein Symbol von dem,
was einmal war.
Wir hielten unsere Tränen zurück...
die Schönheit, Wärme und das Licht sind gegangen,
aber auf dem schmutzigen Boden unten drunter,
wo das Feuer zu tanzen pflegte,
ist ein Zeichen,
ein Zeichen das an der Stelle ist,
wo die Flamme einst war;
sie brannte sehr hell, aber sie wurde von einem
ungewolltem
Wort ausgelöscht.
Dieses Zeichen zeigt uns,
dass die Magie immer noch da ist...
und für immer da sein wird.
Michael, du bist diese einmalige Flamme...
nichts lebt für immer -
aber du warst einmalig und nichts kann dich ersetzen.
Anstelle der Möglichkeit für immer zu leben,
hast du ein Zeichen hinterlassen,
wie eine Flamme auf Erden,
eingraviert in unseren Herzen,
so dass deine Magie weiterleben wird,
von Generation zu Generation.
Ich verspreche dir,
dein Vermächtnis mit Stolz zu tragen ♥

Rosie D., USA

Bild: Ira Linke, Deutschland

Jutta Keitmeier mit Jennifer Batten (Interview)

## Das Interview

Ende Mai 2012 war Jennifer Batten in Detmold. Nach 15 Jahren war sie endlich wieder in Deutschland: die großartige Gitarristin, die mit Michael Jackson die „BAD", „Dangerous" und „HIStory" Tourneen gespielt hat. Das so genannte „Tapping" macht ihr Spiel so besonders. Seit 1978 arbeitet sie daran und möchte es stets verbessern, denn „man erreicht nie das Ende der Musik." (Zitat Jennifer Batten).

Jennifer ist nicht oft in der Popmusik zu finden. Die sympathische Schütze-Frau ist bekannt für ihre lange, toupierte blonde Mähne. Sie trägt jetzt einen Kurzharrschnitt, der ihr gut steht. Diese weltoffene Frau liebt es zu reisen, insbesondere nach Japan. Dort hat sie Freunde die sie gelegentlich besucht. Auch Ägypten mag sie sehr, aber war bislang noch nie dort. Alternativ hat sie zu ihrem Lied „Cruising the Nile" einen Film über das Land gemacht. Seit etwa fünf Jahren macht Jennifer die Filmshows der „One Woman Multimedia Show". Die Filme, die zum jeweiligen Lied auf der Leinwand zu sehen sind, stellt Jennifer selber zusammen. Ursprünglich bat sie andere Leute diese Filme für sie zu machen. Aber nach anderthalb Jahren hatte sie lediglich vier Filme. Daraufhin entschied sie sich, die Filme selber zu machen.

Ich traf Jennifer bei der Begrüßung, beim Meet & Greet und zum Interview bevor ich mir ihr Konzert ansah. Sie war offenherzig, freundlich, fröhlich, humorvoll, geduldig, bescheiden, beantwortete alle Fragen, erfüllte jeden Autogramm – und Fotowunsch.

**Jutta Keitmeier**: *Gab Michael dir einen Spitznamen?*
**Jennifer Batten**: Michael gab mir keinen Spitznamen. Aber der musikalische Leiter nannte mich Wendy B. Feedback. (Anmerkung: Feedback- Rückmeldung; es ist der quietschende laute Widerhall des Mikrofons) Aber das habe ich nie gemacht.

**JK**: *Was hast du nach 1997, nach Michael gemacht?*
**JB**: Ich nahm Abstand. Zwischen den Tourneen arbeitete ich an meinen eigenen Alben. Nach der BAD Tour arbeitete ich an meinem ersten Soloalbum „Above, Below and Beyond", das direkt vor der „Dangerous" Tour veröffentlicht wurde. Mein zweites Album „Momentum" kam direkt vor der „HIStory" Tour heraus. Die Zeitpunkte waren erstaunlich.

**JK**: *Hat Michael dich für die „This is It" Konzerte kontaktiert?*
**JB**: Nein, er hat nie erfahren, dass ich daran interessiert

war. Letzten Endes wollte er das Ganze neu aufziehen mit neuen Tänzern, neuen Leuten, neuen Gesichtern für die Konzerte.

**JK**: *Ist man je zu alt um Gitarre spielen zu lernen?*
**JB**: Nein es ist nie zu spät. Es ist nie zu spät um etwas zu lernen. Vor etwa neun Jahren fing ich an zu lernen, wie man Glasmalereien macht. Das ist eine Sache, um das Gehirn während des älter werden aktiv zu halten: neue Dinge zu lernen. Das hält einen klug, insbesondere durch Musik.

**JK**: *Erzähle uns mehr über die Kunst, die du machst.*
**JB**: Über drei Jahre hinweg habe ich mich sehr intensiv mit der Glaskunst beschäftigt. Ich machte viele verschiedene Projekte: vom kleinen Schmuck bis hin zum Fenster. Es war echt toll sich in die visuelle Kunst einzuarbeiten anstatt akustische Kunst zu machen. Und letztes Jahr habe ich angefangen mit Metall zu arbeiten. Ich nenne es „Steel Punk". Es ist viktorianische Ära in Technik, ich mache Fantasieluftschiffe und solche Dinge. Schweißen lerne ich als nächstes.

**JK**: *Hier in der Gegend Detmold Lippe gibt es viele verschiedene Handwerkskünste. Das wäre sicherlich interessant für dich.*
**JB**: Glücklicherweise bleibe ich nicht lange sonst würde ich all mein Geld ausgeben.

**JK**: *Kann man einige deiner Projekte irgendwo sehen?*
**JB**: Ja auf meiner Internetseite www.jenniferbatten.com gibt es ein Lied mit dem Titel „Hooligan´s Holiday". Dazu habe ich ein Video gemacht, dass alle Projekte zeigt, die ich gemacht habe. Ich mag alles was kreativ ist. Dabei ist es mir egal, ob es um Musik, Skulpturen oder ein Schauspiel geht. Das sind alles Kreationen.

Bild: Olesia Ovsiannikova, Russland

**JK**: *Woran denkst du wenn du den Namen Michael Jackson hörst?*
**JB**: An einen großen Teil meines Lebens, ein riesiger Teil meines Lebens. Jemand, der mein Leben für immer veränderte.

**JK**: *Was machte ihn so besonders?*
**JB**: Zum Einen war er ein großes Multitalent: nicht nur tanzen, nicht nur singen, sondern alles. Er schuf das Ganze: die Energie, die einmaligen Dinge, die die Vorstellung der Leute von Live Shows für immer veränderte. Und er war sehr sensibel. Sensible Menschen können tiefer in die Gefühle der Kunst eintauchen. Ich denke deshalb fühlten sich manche Menschen ihm verbunden: sie konnten ihn während des Auftrittes spüren.

**JK**: *Du wurdest für die „BAD" Tournee gecastet. Wie kam es dazu, dass du auch die anderen Tourneen gespielt hast?*
**JB**: Zwischen den Tourneen hatte ich keinen Kontakt zu Michael. Es war eine angenehme Überraschung als er mich für „Dangerous" anrief. Er muss wohl meine Videos gesehen haben und mit meinen Auftritten zufrieden gewesen sein.

**JK**: *Wann, wo und wie hast du Michael zum ersten Mal getroffen und wie war dein Eindruck?*
**JB**: Für „BAD" probten wir bereits einen ganzen Monat bevor wir Michael trafen. Wir gingen in die Halle wo wir ihn trafen. Wir hatten gehört, wenn Michael mit der Musik zufrieden war, würde er anfangen zu tanzen. Er fing direkt an zu tanzen. Wir wurden ihm vorgestellt. Auf ihn zuzugehen und ihm nah zu sein, näher, seine Hand zu schütteln...er strahlte förmlich....perfekt....Perfektion!

**JK**: *Wie behandelte Michael die Crew und dich? Hat er*

*dich anders behandelt weil du eine Frau bist?*
**JB**: Er behandelte jeden mit Respekt. Nein, er behandelte
mich nicht anders. Ich war nur ein Bandmitglied. Es gab
auch keine Ausnahmen für mich oder ähnliches. Aber ich
hatte meinen eigenen Umkleideraum.

**JK**: *In wie fern konntest du Michael Backstage/privat
kennen lernen?*
**JB**: Während der Proben, insbesondere für die „BAD"
Tournee, hatte jeder Zugang zu ihm. Es war keine große
Sache zu ihm hinzugehen und „Hallo" zu sagen und über
das Wetter zu reden. Auf Tour waren wir insgesamt etwa
100 Leute. Also waren wir in drei verschiedenen Hotels
untergebracht. Die Band, Sänger, Tänzer, etc. in einem
Hotel, Michael, die Sicherheitsleute in einem Weiteren und
die Roadies in einem Anderem. Wir waren also nicht im
selben Hotel und verbrachten nicht auf diese Weise Zeit.
Aber er ließ das Tokio Disneyland für uns schließen und
andere, weitere Freizeitparks – auch einen in Deutschland,
aber ich kann mich an den Namen nicht erinnern. Nur für
uns. Wir tourten auch während US amerikanischer
Feiertage. Dann gab Michael große Abendessen für die
gesamte Mannschaft. Das geschah mehrere Male.

**JK**: *Wie hast du Michael bei den Konzerten
wahrgenommen?*
**JB**: Magie. Pure Magie. Er erwachte zum Leben. Er hatte
unglaublich viel Energie. Meine liebste Stelle war, während
er „Billie Jean" tanzte. Nur er und das Schlagzeug. An der
Stelle brauchte ich nichts zu tun. Also konnte ich mich
zurücklehnen und zusehen. Es war immer großartig!
Wie er sich bewegte, so anmutig, graziös, insbesondere
wenn man ihn mit den anderen Tänzern verglich.  Es gab
keinen Vergleich! Die Anmut, die Michael hatte, war
außergewöhnlich.

Jennifer Batten
Foto: Jutta Keitmeier

**JK**: *Wie hast du das Publikum bei den MJ Konzerten wahrgenommen?*
**JB**: Sie strahlten! Man kann es in den Ausschnitten sehen, die gefilmt wurden. Die Menschen weinen usw. und es wirkt als machten sie eine religiöse Erfahrung.

**JK**: *Wie war Michael als Chef und Kollege?*
**JB**: Es fühlte sich nie an als wäre er der Chef und wir die Arbeitnehmer. Wir waren ein Team das etwas vollbringen

wollte. Er wurde nie laut, war nie auf jemanden wütend. Michael war immer respektvoll und voller Liebe.

**JK**: *Welche war deine Lieblingstour mit Michael und warum?*
JB: „BAD". Es war die erste Tournee und alles war neu. Ich war noch nie zuvor in Europa oder Japan gewesen. Er zeigte mir die ganze Welt, fünf Sterne Hotels, erste Klasse reisen. Es war eine magische Zeit und sie dauerte anderthalb Jahre. Es war die längste Tournee und sicherlich ein Transport, eine Beförderung in ein anderes Leben und Lebensstil.

**JK**: *Welches ist dein Lieblingslied von MJ und warum?*
**JB**: „Human Nature". Es ist ein sehr, sehr, sehr schönes Lied. Ich mag es, das Lied auf der Gitarre zu spielen. Ich werde es auch später in der Show spielen. Ich spiele die Melodie, aber ich genieße es die Gitarrensoli zu spielen, denn sie sind einfach sehr, sehr, sehr schön. Ich erinnere mich dann immer, wie Michael bei dem Lied aussah: die Beleuchtung und die Laser, die herunter kamen und wie er die Pantomime machte. Es war sehr magisch. Die Beleuchtung machte es noch magischer, als wäre er ein Supermensch.

**JK**: *Gab es Unterschiede zwischen dem „BAD" – Michael, dem „Dangerous" – Michael und dem „HIStory" – Michael?*
**JB**: Ich denke einer der Unterschiede war, dass er beschäftigter war. Er verbrachte nicht mehr soviel Zeit bei den Proben wie bei der „BAD" Tournee. Bei „BAD" war er an jedem einzelnen Tag da. In der letzten Woche spielten wir zwei Shows pro Tag. Eine 2,5 stündige Show zweimal pro tag ist sehr erschöpfend. Bei „Dangerous" dauerte es lange bis Michael auftauchte und ich erinnere mich, dass er sich entschuldigte und sagte, er hätte die ganze Zeit diese Geschäftstreffen. Ich denke er war abgelenkter, es gab mehr, dass seine Energie von den Konzerten

wegnahm. Ich erinnere mich an die Zeit als wir probten und jemandem fiel das Kostüm herunter. Der Rock fiel herunter. Das nächste an das ich mich erinnere ist: wir spielten das Lied nicht mehr. Ich kenne den Grund für diese Entscheidung nicht. Ich denke, da war mehr Distanz verglichen mit den anderen Tourneen.

**JK**: *Für das erste Buch haben wir Dorian Holley und für das zweite Buch wurde Jonathan Phillip Moffett interviewt. Möchtest du ihnen gern etwas sagen?*
**JB**: Ich würde ihnen einfach einen Bussi geben. Ich habe sie kürzlich getroffen. Dorian gab eine MJ Gedenkparty in seinem Haus, mit Rückblick auf Michael´s Leben. Es war eher eine Irische Woche. Es war etwa kurz nach Michael´s erstem Todestag. Dorian versuchte, so viele Leute wie möglich von den Tourneen zusammen zu bringen und wir redeten. „Sugarfoot" (Anmerkung: Jonathan Phillip Moffett) und ich haben denselben Manager, also treffen wir uns gelegentlich.

**JK**: *Was hat dich Michael und die Erfahrung mit ihm gelehrt?*
**JB**: Ich denke die wichtigste Lektion ist, dem Publikum eine Erfahrung zu geben, nicht nur Musik. Deshalb mache ich das, was ich mache. Wenn Musik der Boden einer Torte ist und man davon ausgehend aufbaut, kann man alles Mögliche daraus kreieren und den Leuten näher bringen. Das ist viel bereichender als nur Musik.

**JK**: *Gibt es ein besonderes Andenken aus der Zeit mit Michael, dass du dir sorgfältig aufbewahrst?*
**JB**: Mir fällt gerade nichts Bestimmtes ein, aber ich habe viele Sammelalben. Das ist etwas Besonderes, was ich auch von allen Tourneen habe. Ich hatte einen seiner Hüte. Es gab ein Erdbeben in Kalifornien. Dabei fiel ein wunderschönes, gerahmtes Bild von ihm von der Wand und zerbrach. Aber das Wichtigste sind die Erinnerungen.

**JK**: *Gibt es eine besondere Erinnerung die du mit uns teilen würdest?*

**JB**: Wenn mir diese Frage gestellt wird, erzähle ich meistens vom Tokio Disneyland. Aber das allergrößte war der Superbowl. Das war einfach großartig! Das war einmalig. Es ist live, es gibt keinen zweiten Versuch und es war voller Energie. Ein Teil davon zu sein war eine einmalige Lebenserfahrung. Der Superbowl war so anders als die anderen Shows und einfach fantastisch.

Jennifer Batten blättert im Buch „Flügel für einen Engel"
Foto: Jutta Keitmeier

**JK**: *Wünschst du dir die Zeit mit Michael manchmal zurück?*

**JB**: Darüber denke ich nicht nach. Ich schaue nach vorne, was als nächstes kommt. Ich verbringe nicht viel Zeit damit zurück zu blicken und ich möchte es auch gar nicht zurückbringen, denn es ist vorbei. Es war großartig, ich habe es genossen, ich habe tolle Erinnerungen daran.
Ich hatte auch eine tolle Zeit in der Schule, aber will sie nicht zurückholen.

**JK**: *Wie bist du mit deiner Trauer um MJ umgegangen?*
**JB**: Ich habe immer noch nicht richtig getrauert.
Als ich davon hörte glaubte ich es zunächst nicht. Dann schaltete ich den Fernseher ein. Nur kurz später musste ich nach London abreisen um dort zu arbeiten. Von der Trauerfeier sah ich etwa fünf bis zehn Minuten, bis ich zum Flughafen musste. Ich saß nicht einfach da und weinte.

**JK**: *Spürst den Drang genau das zu tun?*
**JB**: Ich bin immer noch wütend. Ich bin immer noch wütend, dass Michael getötet wurde. Es war so unnötig, überflüssig und ich bin wütend darauf, wie er von der Presse behandelt wurde. Es kotzt mich einfach an! Ich bin wütend, dass seine Kinder keinen Vater mehr haben. An irgendeinem Punkt wird die Wut zur Trauer, aber momentan bin ich noch stocksauer!

**JK**: *Gibt es etwas, dass du MJ noch gern gesagt hättest?*
**JB**: Ich bin einfach dankbar für die tolle Chance mit ihm zu spielen. Er hätte irgendjemand anderen von den 100 Leuten bei dem Casting aussuchen können. Ich war die glückliche Gewinnerin. Insbesondere kurz nach seinem Tod blickte ich zurück und nahm verstärkt wahr, wie viel Glück ich hatte. Ich war bei ihm. Ich weiß nicht, ob ich immer noch Musik machen würde oder davon leben könnte. Er hat mich dahin gebracht. Es gibt viel mehr Fans, die mich an die Zeit mit ihm erinnern, als an meine eigenen Platten. Wie auch immer ich mit den Leuten verbunden bin, ich nehme es wie es kommt. Ich bin dankbar, dass ich nicht nur mit Michael spielen durfte, sondern, dass er mich zu einem besonderen Charakter der Band gemacht hat. Das toupierte, helle Haar war seine Idee. Er wollte, dass ich mich hervorhebe. Er gab mir die Showeinlagen. Er hätte das nicht tun brauchen. Das war sehr, sehr cool.

**JK**: *Welches Verhältnis hast du zu MJ Fans?*
**JB**: Meistens ist es großartig. Es ist gut für meine Kontakte. Aber es gibt diese Gruppierungen die davon überzeugt sind, dass Michael noch lebt. Sie betreiben Internetseiten, so was wie „Elvis wurde in Oklahoma gesehen" – aber mit Michael. Ich wünschte, sie würden mich in Ruhe lassen.

**JK**: *Gibt es etwas, dass du den MJ Fans mitteilen möchtest?*
**JB**: Vergesst ihn nicht. Es gibt soviel Liebe: verbreitet sie. Ich meine, das war sein Ding: Liebe verbreiten, geben, Wohltätigkeit.

**JK**: *Was bleibt von MJ ewig in deinem Herzen?*
**JB**: Das ist schwer zu sagen. Ich meine, es ist nicht nur eine Sache. Es ist wie ein Wasserfall mit zehn Jahren Erinnerungen. Eigentlich schreibe ich ein Buch – sehr, sehr langsam – und versuche all die Erinnerungen hoch zu holen und raus zu lassen.

**JK**: *Was sind deine weiteren Pläne?*
**JB**: Ich arbeite an einem neuen Projekt, dass in diesem Winter starten wird aber voraussichtlich erst nächstes Jahr (2013) nach Europa kommt. Es ist meine eigene Michael Jackson Tribute Show mit Tänzern und Sängern. Es heißt „Forever Dangerous". Auf YouTube kann man eine Promotionsvideo davon sehen:
www.youtube.com/watch?v=TqIMT4CdkfE
Ich arbeite mit Carlo Riley zusammen. Jeder, dem ich ein Bild von Carlo zeige oder der das Video auf YouTube sieht, ist überrascht, dass er nicht Michael ist. Es wird sehr kreativ werden. Es ist keine Kopie einer Michael Jackson Show, aber seiner Musik. Es wird großartig werden.
Ich bin die Co-Produzentin und werde Teil der Show sein. Es wird mehr Gitarre in der Show geben. Ich denke, ich

arbeite mit einer Gruppe von Menschen, die seine Musik liebt und sehr kreativ ist. Ich kann also noch gar nicht genau sagen, wie die Shows aussehen werden. Sie werden täglich verändert. Aber es wird sehr kreativ werden und ich denke, es hängt auch davon ab, wie die Leute die Shows annehmen. Ich kann mir gut vorstellen, mit einer anderen Tournee, mit anderen Liedern, nach Europa zurück zu kommen. Michael hatte so viele Lieder, daraus könnte man zehn verschiedene Tourneen machen mit jeweiligen Spezialeffekten. Je mehr Geld wir mit der Tournee machen, umso mehr können wir in Technologie investieren.
(Anmerkung: weitere Infos auf: www.ForeverDangerous.com)

Bild: Anette Schmidt, Deutschland

*Jennifer Batten*

Jutta traf Jennifer
Batten im Mai 2012
in Detmold,
Deutschland

## UNVERGESSEN - FÜR IMMER GELIEBT

Lieber Michael,

jetzt in diesem Augenblick, während ich diese Zeilen an Dich schreibe, läuft mein Lieblingslied „Liberian Girl" und Du bist mir in Gedanken ganz nahe. Manchmal wünschte ich, ich dürfte Dich in meine Arme nehmen und Dir sagen, wie sehr ich Dich liebe.

Für mich und natürlich für ganz viele weitere Fans, ist es noch immer unfassbar, dass Du nicht mehr da bist. Etwas mehr als drei Jahre ist es nun schon her, als ich diese schreckliche Nachricht erhielt, dass Du nicht mehr lebst.

Mir schießen oft diese Fragen durch den Kopf: Wo magst Du jetzt sein? Kannst Du unsere Liebe spüren? Kannst Du fühlen ... kannst Du SEHEN, wie sehr wir Dich vermissen, Dir gedenken, Deine Botschaften weiter tragen?

Ich wünsche mir so sehr, dass Du an einem Ort bist, wo man Dir nicht mehr wehtun kann. An einem Ort, wo Du glücklich bist...

Ich bin schon recht lange ein großer Fan von Dir und, das habe ich noch niemandem erzählt... wenn ich Deine Musik höre, ist es, als ob Du mich mit Deinen sanften Händen an den Wangen streichelst und mir Mut zusprichst.

Ich bin von Geburt an schwer körperbehindert. Ich wurde bislang 21 Mal operiert. Oft ist es hart für mich, den Alltag zu meistern. Aber ich muss weitermachen... und Du gibst mir die Kraft, nicht aufzugeben, denn dass hast Du auch nie getan.

Leider konnte ich aufgrund meiner körperlichen Behinderung und aus anderen Gründen nie eines Deiner

Bild: Ira Linke, Deutschland

Konzerte besuchen, aber, dessen kannst Du Dir sicher sein, sobald ein Lied von Dir im Fernsehen oder Radio lief, habe ich bei mir zuhause kräftig abgerockt und Dich gefeiert und das tu' ich auch heute noch. Da packt es mich und ich kann meine Füße nicht mehr stillhalten.

Du warst so stark; hast immer weitergekämpft, egal, wie hart und ungerecht das Leben zu Dir war. Besonders aus diesem Grund bist Du mein ganz großes Vorbild: ein wundervoller, sanfter, mitfühlender Mensch, der so unermesslich viel Liebe verschenkt hat.

Deine Kreativität kannte keine Grenzen. Deine Güte war grenzenlos. Deine Liebe zu den Menschen dieser Welt war groß und unerschütterlich. Und auch weiterhin ist Deine Liebe zu spüren - du hast sie uns hinterlassen. Sie ist Dein Vermächtnis. Sie wird immer in unser aller Herzen wohnen und uns nie verlassen. So bist Du unsterblich. Und genau dies hast Du Dir so sehr gewünscht: Unsterblich sein. Das hast Du geschafft.

Deine Kinder Paris, Prince und Blanket hätten keinen besseren Vater haben können, denn sie hatten den besten Daddy der Welt.

Ich denke jeden einzelnen Tag an Dich. Daran wird sich nie etwas ändern. Du wirst immer ein Teil meines Lebens sein und hast einen sicheren Platz in meinem Herzen.

Ich liebe Dich, Mikey. ... Ich liebe Dich über alles.

Deine Jana T., Deutschland

Bild: Anette Schmidt, Deutschland

## Werte von Michael Jackson

Wie mich Michael Jackson und die ehemalige Gedenkstätte der Sandskulpturen in Berlin weiterhin beeinflussen!

Einige können sich vielleicht daran erinnern, dass es in den Borsighallen in Berlin eine Art Gedenkstätte für Michael Jackson gab in Form von Sandskulpturen. Darüber schrieb ich im ersten Teil von „Flügel für einen Engel". Im

September 2010 wurden die Sandskulpturen leider abgerissen. In der Zeit, als es die Sandskulpturen noch gab, lernte ich Neid, Liebe, viele Menschen mit unterschiedlichen Charakteren, mich selbst und Michael Jackson ein Stück mehr kennen. Beginnende Freundschaften zerbröckelten, manche Freundschaften aus dieser Zeit bestehen noch heute. Es ist alles wie im normalen Leben. Nur was nicht wie im normalen Alltag ist, ist der Gedanke, wie mich Michael Jackson weiterhin positiv beeinflusst. Ich hatte bereits in meinem ersten Bericht geschrieben, dass es Passanten gab, die einzelne Geldstücke auf die Sandskulpturen warfen. Wir hatten Absprachen mit dem Centermanagement sie aufzusammeln (wie kleine Kinder in einem Sandkasten nach jedem Cent suchten), um diese dann für wohltätige Zwecke im Namen von Michael Jackson zu spenden. Dabei möchte ich noch einmal u. a. die Depressionshilfe, behinderte Kinder in Cottbus für eine Delfintherapie, ein Tierheim und hungernde Kinder benennen. Nachdem die Sandskulpturen abgerissen wurden, fühlte ich eine enorme innerliche Leere, fühlte mich zeitweise sehr nutzlos und vermisste Michael Jackson natürlich sehr. Die Arbeit an den Sandskulpturen brachte mich meinem Idol näher, als die Jahre davor, weil ich seine Werte verfolgte. Das machte mich stolz, auch wenn es in der Zeit, als die Gedenkstätte existierte, oft zu Hindernissen kam.

Was mich in der nachfolgenden Zeit erstaunte war, dass es zeitweise gar nicht so einfach ist, sich humanitär zu engagieren. Es gibt natürlich unendlich viele Spendenmöglichkeiten, aber in vielen Dingen bin ich persönlich skeptisch, ob es wirklich die Menschen erreicht, die es bekommen sollen. Ich prüfe für mich selbst immer, oder hinterfrage die „Anbieter", wofür die Spenden konkret verwendet werden. Wenn man höflich anfragt, um konkretere Auskünfte zu bekommen, wird man abgeblockt oder bekommt gar keine Antwort, was ich echt traurig finde.

Michael Jackson ist (für mich gibt es keine Vergangenheit) ein Mensch, der für die humanitären Werte steht, ist jemand, der wirklich dort gespendet hat, wo die Not aus seiner Sicht am Größten war. Jeder von Euch kennt die Aktion „Weihnachten im Schuhkarton". Ich finde die Aktion wirklich großartig und vertraue darin. Außerdem ist diese Wohltätigkeitsaktion eine Aktion, dich mich meinem Idol Michael Jackson wieder näher bringt als je zuvor. Hier wird den Ärmsten der Armen geholfen - den Kindern. Somit packte ich in den Jahren 2010 und 2011 insgesamt um die 60 Pakete. Es war mir ein Bedürfnis diese Pakete zu packen. Es erfüllte mein Herz und meine Seele auf unglaubliche Weise als ich diese Pakete packte. Das ist ein Gefühl, was ich niemals mehr vermissen will. Leider kann man nicht vor Ort sehen, wie sich die Kinder freuen. Aber der Gedanke daran, dass die Kinder lächeln, die Herzen dieser Kindern Purzelbäume schlagen, ist doch für jeden Mensch eine innere Freude, oder? In diesem Zusammenhang versuchte ich auf diese Aktion in diversen Michael Jackson Foren aufmerksam zu machen. Manche waren eh schon fleißig am Pakete packen, Andere wiederum hatten gar kein Interesse. Und dann gab es noch die, die von der Aktion gar nichts wussten. Sie packten aus freien Stücken ein oder mehrere Pakete. Es kommt nicht auf die Anzahl der Pakete an, sondern darauf, dass man auch was für andere Menschen macht. Genau das will uns Michael Jackson sagen. Natürlich kann man niemanden dazu zwingen. Ich habe durch Michael Jackson gelernt, dass man immer etwas hat, was man Anderen geben kann, auch wenn es nur ein kleines Lächeln ist, das man Anderen auf die Lippen zaubern kann.

Einige von Euch kennen sicherlich den emotionalen und schönen „World Cry Day" in Leipzig. Es gibt den Verein „Make that Change" der im Sinne von Michael Jackson handelt. Nachdem es die Gedenkstätte in Berlin nicht

# MJ Fan Tattoos

Marion Schreiber, D;   Sezin, Istanbul, Türkei;   Inge Dove, D

Dana
Davidikova,
Slowakei

Karl Polanig, jr., Austria

mehr gab und ich mich nutzlos fühlte, habe ich mich mit
diesem Verein ein bisschen mehr auseinander gesetzt.
Eins steht fest: dieser Verein ist pure Liebe zu Michael
Jackson und seinen Werten. Mittlerweile kenne ich den
Vereinsvorstand persönlich. Ich bin einfach nur begeistert
von diesen Menschen, was sie alles erreichen und wie

sehr sie darum kämpfen, der restlichen Bevölkerung Michael Jackson näher zu bringen. Auch in diesem Sinne gibt es dieses Jahr eine Aktion, die „Make that Change" - Pakete. Das ist eine Aktion angelehnt an "Weihnachten im Schuhkarton" und man packt Pakete für Kinder in Rumänien. Die Mädels vom Verein werden die Pakete persönlich nach Rumänien bringen. Ich war natürlich fasziniert von der Aktion und packte natürlich wieder selbst Pakete. Ich gewann andere Menschen für die Aktion, viele Pakete aus vollem Herzblut zu packen. Manche von ihnen werden zum „World Cry Day" 2012 nach Leipzig kommen. Seit November 2011 halte ich Rücksprache mit einigen Einkaufszentren um zu erbeten, an einem Tag in einem Einkaufszentrum diese Aktion „Change-Pakete" vorstellen zu können. Der Verein selbst war von meiner Idee begeistert, nur der Erfolg war leider sehr ernüchternd.

Auf diese Idee kam ich, als ich beim Einkauf merkte, wie viele verschieden Werbeaktionen und andere diverse Aktionen (z.B. Frisuren vorstellen, etwas für Kinder, Gesundheitstag usw.) stattfanden. Warum nicht mal über eine Aktion im humanitären Sinne informieren? Leider bekam ich kaum Rückantworten, eine direkte Absage war selten. Höfliche Telefonnachfragen wurden abgewimmelt, aber ich habe mein Bestes getan. Ich finde es traurig, dass heutzutage kaum mehr nach Rechts oder Links geschaut wird. Dies ist leider der beste Beweis, wenn man nicht mal eine Absage von den diversen Centermanagements bekommt.

Aber hat sich ein Michael Jackson beirren lassen? Nein, er verfolgt(e) seine Ziele weiter und weiter. Er half denjenigen, denen es viel schlechter geht als einem selbst. Also dem Großteil der Weltbevölkerung, egal ob aufgrund von Armut, psychische oder physische Erkrankung oder dem Lebensumfeld.

Die Arbeit bei den Sandskulpturen (der Gedenkstätte in Berlin) hat mich einiges gelehrt: schau niemals nur gerade aus, schaue immer nach Rechts und nach Links. Ich verfolge Michael´s Werte weiter, auch wenn man manchmal von der Gesellschaft regelrecht gezwungen wird, nur geradeaus zu schauen. Aber ich werde nicht von meinem Weg abkommen, genauso wenig wie die vielen Michael Jackson Fans, die sich auch humanitär engagieren. Ich werde die Werte von Michael Jackson immer weiter verfolgen und weiter leben. Denn so findet man auch ein Stück zu sich selbst.

Ich danke Dir Michael!

Ich wünsche mir, dass du irgendwo glücklich lebs und ich gehöre zu den Fans, die glauben, dass du noch lebst und alles inszenieren musstest. Was auch immer mit Dir passiert ist, egal wo du bist, ob im Himmel oder noch auf Erden, ich hoffe du bist dort glücklich. Alles Liebe wünsche ich dir. Deine Werte werde ich immer weiter verfolgen, das verspreche ich Dir.
www.make-that-change.de

Anja S., Senftenberg, Deutschland

Bild: Gulnara Nurgaleewa, Russland

54

## Liebenswürdiges Kind Michael

Ein Kind im Herzen und Außen
spielend im Baumhaus von Neverland
mich inspirieren
in der Magie der Musik
umgeben von der Natur
ich bin inspiriert
sehe in mein Herz
da ist die Musik, ich kann sie hören
wie sie klingt
alles über L.I.E.B.E. -
das ist die Botschaft

Nadja, Niederlande

Bild: Artemi Orlow, Deutschland

55

## Ich habe dich nicht vergessen

Ich versuche immer noch mein Versprechen einzuhalten.
Hast du mich wirklich nicht vergessen? Jeden Morgen
wache ich auf und stelle mir vor, wie die Sonne durch
mein buntes Fenster scheint. Deine Augen, deine Wangen
und dein schönes Lächeln sagen mir:"Guten Morgen meine
Liebe!". Aber wir kennen uns kaum. Ich weiß, dass du
mich wahrscheinlich nicht kennst, aber ich bin mir sicher,
ich kenne dich sehr gut.

Möchtest du mich wirklich auf der anderen Seite sehen?
Jeden Tag bete ich flehend zu sterben, um an deiner Seite
sein zu können.
Ich glaube nicht, dass du das gedacht hättest...du solltest
dankbar sein für das Leben, das du hattest.
Ich beobachte dich während Andere dich umsorgen.
Ich lebe jeden Moment, ich lebe mein Leben ohne zu
wissen, was meine Träume sind.
Hast du mich wirklich nicht vergessen? Lebst du wirklich
ohne Träume?

Auf eine Art möchte ich die Zeit zurückdrehen, den Raum
ändern...ich wäre wahrscheinlich zu dir gegangen um dich
zu retten, wenn du es mir erlaubt hättest.
Ich hatte Angst dir mein Herz vorher zu schenken...ich
wollte nicht, dass du leidest um meines Herzens willen.
Ich sehe dein Bild in den alten Videos, all diese Videos
begeistern mich immer noch...sie lassen mich in dich und
dein Licht verliebt sein, ich bin ein Sklave deines Wesens.
Ich denke, ich werde um all die schönen Dinge weinen, die
du mir erzählt hast.

Diese Welt hat seine Berührung verloren, die Kälte ist
noch kälter, die Nachmittage sind vernichtend, all diese
Uhren, Stunden, die Bewegung...

Die Nächte erzählen davon, sie lassen mich trauern, geben mir das Gefühl, in diesem Leid zu ertrinken.
Weißt du, für gewöhnlich sah ich in die Sterne. Ich fragte und betete für Jeden, der mich jemals liebte.
Für gewöhnlich sah ich die Regenbögen und bat sie um Wünsche.
Du weißt, dass ich für dich bete. Du weißt, dass selbst mein Herz tot ist - es schlägt nicht mehr, es bittet dich, stark und mutig zu sein.

Hier bin ich nun, rede mit einem leeren Platz, stelle mir die perfekte Begleitung vor.
Ich lache alleine, denke an meine eigenen Wünsche.
Diese brennenden Narben schmerzen, niemand kann diese Wunden heilen.
Tränen laufen über meinen Körper....
Ich sehe dich weinen und kann dir nicht helfen. Es tut mir leid. Ich würde gerne deine Hand halten und dir sagen, dass ich dich liebe.
Ich weiß, dass ich alleine bin, die Nächte verfolgen mich: du wärest der Berg den ich erklimmen möchte und versuche, den Gipfel zu erreichen.

Ich weiß, dass bist nicht wirklich du, den ich beobachte.
Du bist fröhlicher. Du versuchst dich zu verändern, dass weiß ich...
Weine nicht mehr um mich, begrabe dich nicht mit mir, ich habe dich nicht gebeten das zu tun.
Ich möchte, dass du mit dem weitermachst, was ich hinterlassen habe. Du hälst mich mit deinen Erinnerungen am Leben.
Wie kann ich dich wissen lassen, dass du für mich wichtiger bist, als die Luft zum Atmen?
Wie konnte ich dich sterben lassen, wie verdunstendes Wasser, das durch meine Finger rinnt?

Bild: Olesia Ovsiannikova, Russland

Wie kommt es, dass ich mich fühlte mein Leben sei zu Ende? Nachdem wir herum alberten, ich dich fragte, bei dir bleiben zu dürfen und du mich hast stehen lassen.
Ich bereue, dich nicht schon vorher gefragt zu haben, was mit dir passiert.

Wie konntest du es wissen? Ich hätte es dich nicht wissen lassen, nicht einmal gezeigt.
Ich denke, dass meine Zeit gekommen war. Ich denke, du hattest recht wenn du sagtest, mein Schicksal sei es, so zu enden. Quäle dich nicht selber mit Dingen, für die du nicht beschuldigt wurdest. Ich bin hier und du bist dort. Es ist etwas weit. Gleichzeitig liebe ich jeden, ich liebe auch dich. Es ist dasselbe.

Ich habe dich nicht vergessen. Ich schreibe täglich von dir, das ist meine Liebe zu dir. Für keinen Anderen habe ich jemals so gefühlt.
Sage mir, was ist das? Ist das ein ewiger Zauber?
"Was für eine schöne Art mir deine Liebe zu zeigen..ich habe keine Worte dafür. Ich habe dich nicht vergessen, mein liebes, kleines Mädchen."

Lucia Rojas, Venezuela


♫ * ♪ * * * * * * ♪ * ♫

**"Lügen gewinnen den Sprint, aber die Wahrheit den Marathon."**

**Michael Jackson**

Bild : Inna Budnik, Russland

## Wie Michael Jackson mein Leben veränderte

Anfangen will ich mit dem 25. Juni 2009. Als ich morgens im Radio vom Tod Michael Jacksons erfuhr, war ich sehr erstaunt, aber in keinster Weise erschrocken, denn Michael stirbt nicht. Also fuhr ich ganz normal zu meiner Arbeitsstätte und wurde gleich von den Kollegen mit: "Hast du schon gehört? Michael Jackson ist tot!", begrüßt. Ich dachte mir immer noch nichts dabei, denn Michael stirbt nicht einfach so. Warum auch?

Allmählich fingen meine Gedanken an zu „ kreisen". Aber nein, Michael stirbt nicht. Als ich nach Dienstschluss zu Hause war, setzte ich mich erst einmal vor den Fernseher. Ich wollte mich vergewissern, oder auch nicht - aber ich tat es trotzdem. Und da war sie: die Nachricht, die ich bis dahin nicht wahrhaben wollte.

Michael Jackson ist gestorben!

Diese Nachricht traf mich wie ein Schlag. Ein Teil meines Lebens sollte sich schlagartig ändern.

Mir war bis dahin noch nicht bewusst gewesen, dass ich das Gefühl hatte, als sei ein Teil von mir gestorben, ein Verwandter, ein Bruder??? Ich war so durcheinander, denn das Herz schmerzte, der Körper tat weh und ich konnte nichts dagegen tun. Ich war wie gelähmt. Dann kamen die Gedanken an die Konzerte, die ich mit ihm erlebt habe.

Ich hatte seine Musik immer schon gut gefunden. (leider erst seit der "Dangerous" Tour). Die CD wurde zu Hause, wie auch bei der Arbeit, immer und immer wieder gespielt. Eines Tages bat mich ein ganz lieber Kollege, mit ihm zu Michael´s "HIStory" Tour am 28.09.1996 nach

Amsterdam, NL zu fahren (liegt ungefähr 3 Stunden Fahrtzeit von unserer Stadt entfernt).

Um Himmels Willen! So viele Menschen! Nein, bei aller Liebe zu Michael und seiner Musik, aber das würde ich mir bestimmt nicht antun wollen. Für mich stand der Endschluss fest: nein. Seine Musik zu Hause hören ja, aber nicht bei einem Konzert, mit so unheimlich vielen Menschen. Ich hatte immer Beklemmungen, wenn so viele Menschen aufeinander trafen. Aber ich ließ mich überreden und fuhr mit.

Die Fahrt dorthin mit Michael´s Musik war natürlich schön. Aber als wir in Amsterdam ankamen und ich die Arena sah, mit seiner großen Statue vor dem Eingang, wurde mir schon ganz komisch. Ich würde sogar sagen, ich war von dem Anblick sehr ergriffen.

Als wir dann das Auto geparkt hatten und zum Eingang kamen, konnte ich es kaum fassen, keiner der vielen Menschen die dicht vor dem Eingangstor standen, drängelte oder schubste. Nein, es war eine unbeschreibliche Ruhe. Die lächelnden Gesichter, die Freundlichkeit, mit der wir empfangen wurden, als wir uns dazu stellten, war schon für mich etwas Unbegreifliches. War es nicht üblich, dass vor Konzerten die Plätze schon aussahen wie „Schlachtfelder" und die Menschen grölten, um in Stimmung für das Konzert zu kommen?? Nein, hier war alles anders.

Die Türen wurden geöffnet und man ging sittsam in die Halle. Das war für mich äußerst, aber wirklich äußerst selten. Zu guter Letzt hatten wir sehr gute Stehplätze im Mittelfeld. Ziemlich mittig und gut vorne. Da ich nun mal nicht die Größte bin, hatte mein Kollege zugesehen, dass ich einen Platz bekam, so dass ich ihn gut sehen konnte.

Bild: Kim Moses, Schweiz, www.vip-stylepaint.com

*„Ich habe 12 Jahre Michael Jackson gemalt, aber eigentlich habe ich Ihn gar nicht gemalt, sondern gelebt und lebe Ihn immer noch."*

Kim Moses, Schweiz

Meine Platzangst fing an sich bemerkbar zu machen, obwohl wir alle gar nicht so gedrängt an einander standen.

Nach dem nun die Vorgruppe ihr letztes Lied spielte und alles für Michael´s Auftritt vorbereitet wurde, war es ein unbeschreibliches Gefühl. Die Menschen starrten alle nur nach vorne und keiner, aber keiner in meiner Nähe, fing an auszuflippen. Nein, sie warteten alle gespannt - genau wie ich.

Und dann war es plötzlich so weit. Die Rakete war plötzlich auf der Bühne. Wow, woher kam die denn plötzlich? Meine Güte, die Menschen fingen an zu schreien, klatschten, riefen "Michael, Michael, Michael", aber ich spürte keine Platzangst. Nein im Gegenteil. Ich starrte auf die Bühne und nahm die Menschen fast gar nicht mehr wahr. Und was war das?? Plötzlich geschah etwas mit mir, das ich bis heute nicht erklären kann. Es war, als hätte etwas mein Herz getroffen. Mir war so wohlig warm, ich habe nur auf die Bühne gestarrt, habe nicht einen Menschen, selbst meinen Kollegen, nicht mehr wahrgenommen.

Die Raumkapsel stand da. Ich sah nur noch die Kapsel und sonst gar nichts mehr. Als er plötzlich die Tür von der Raumkapsel wegtrat, stand er da und ich wie angewurzelt. Ich würde diesen Moment heute als Magie beschreiben.

Ich sah ihn, hatte keine Platzangst mehr und konnte seine Texte verstehen. Plötzlich wurde mir klar, dass ich nicht nur die Texte verstand. Ich habe den Menschen Michael Jackson mit seinem Anliegen an die Menschen verstanden. Ich merkte, dass ich ihm in allem was er sang, Recht geben musste. Was war mit unserer Umwelt, ja, was ist auf der Welt los? Hungersnöte, Kriege, Unterdrückung, Krankheiten,.. ja, dieser Mann hat Recht und wir müssen ihn in seinem Anliegen, das zu verändern, unterstützen. "Wir", dachte ich. Ich auf jeden Fall.

Es war einfach göttlich ihn auf der Bühne zu sehen, einfach unbeschreiblich. Diese Leichtigkeit des Tanzens, diese wundervolle Stimme, die den Inhalt der Texte so wundervoll vermittelte. Es war einfach, doch überhaupt nicht schwer zu verstehen, was er wollte. Er wollte uns dabei helfen, selbständig zu denken und uns nicht manipulieren zu lassen, uns für den Nächsten einzusetzen. So, wie es eigentlich sein sollte. Er war ein Teil von uns und nicht ein Künstler, der auf der Bühne stand. Nein, es war mehr, viel mehr. Er war unser Bruder.

Mir kamen die Tränen als er "Earth Song" oder "Heal the World" sang. Denn plötzlich hielten sich die Menschen an den Händen, nahmen sich in den Arm und sangen die Lieder wie eine Hymne. Es war so wunderbar und ich hielt die Hand meines Nachbarn so fest, als wollte ich sie gar nicht mehr los lassen. Das wollte ich auch nicht, denn das war so eine Geborgenheit, die man einfach nicht wieder loswerden wollte. Und wenn er rief "I LOVE YOU", dann meinte er es auch so. Wir alle waren plötzlich wie eine große Familie. Ich unterhielt mich nicht mit meinem Kollegen, sondern mit wildfremden Menschen. Ich musste nicht überlegen was ich sage. Es ging einfach so, wie von allein, obwohl wir in den Niederlanden waren und die Sprache nicht beherrschten. Es ging.

Michael hatte ein unheimliches Talent Menschen zusammen zu führen.

Als das Konzert dem Ende zuging, wollte ich nur, dass er bleibt. Nein, er musste einfach bleiben. „Bitte nicht gehen", dachte ich mir. Er hat mir ein Gefühl der inneren Zufriedenheit vermittelt, so dass ich anfing, alles positiv zu sehen. Wo war meine Platzangst? Mir taten noch nicht einmal die Füße nach 2,5 Stunden stehen und tanzen weh. Wo war die Zeit? Mir kam es vor, als seien wir nur ein paar Minuten dort gewesen und die Zeit war schon um. Und das

Gefühl kam wieder, "Michael bitte nicht gehen, lass mich nicht allein". Aber es musste ja sein.

Als ich einer meiner Freundinnen von dem Konzert berichtete, wollte sie auch sofort zu ihm. Am 06.06.1997 war es soweit. Sie besorgte Karten und wir fuhren dieses mal zu Dritt zum Konzert nach Bremen ins „Weser Stadion". Es war wieder eine Fahrt von ca. 2, 5 Stunden. Aber das war egal, es ging ja wieder zu Michael. Und wieder verhielten sich die Menschen vor dem Stadion und während des Hineingehens, wie in Amsterdam. Das war für mich schon sehr außergewöhnlich, dass sich Menschen in einem anderen Land - ich hatte ja nun den Vergleich - genauso ruhig verhielten wie in Amsterdam. Und wir, mein Kollege, meine Freundin und ich, waren wieder so begeistert wie vorher, wenn nicht so gar noch mehr.

Meine Freundin hatte es genauso gepackt wie mich. Wir entschlossen uns zu seinem nächsten Konzert nach Gelsenkirchen am 15.06.1997 zu fahren. Mein Kollege fuhr dieses Mal nicht mehr mit. Meiner Freundin erging es von ihren Gefühlen zu Michael genauso wie mir. Als wir dort aus dem damaligen „Parkstadion" herauskamen und zu unserem Auto gingen, bekamen wir vor Rührung eine Gänsehaut. Aus den meisten Autos erklang Michael´s Musik und es war dort, als sei eine ganz große „Familie" auf dem Parkplatz. Das Gefühl haben wir bis heute noch nicht vergessen, es war überwältigend.

Im Juli 1997 bekam ich von einer anderen Freundin ein Geburtstagsgeschenk. Als ich den Umschlag öffnete sah ich, dass sich darin eine Konzertkarte für Michael Jackson befand. Ich war außer Rand und Band, freute mich wie

Bild: Marion Schreiber, Thüringen, Deutschland

ein kleines Kind. Das Konzert sollte nun in Berlin am 01.08.1997 stattfinden. Die Fahrtzeit betrug ca. 5 Stunden. Egal, es geht ja wieder zu Michael.

Wir sind einen Tag vorher nach Berlin gefahren, in der Hoffnung einen guten Stehplatz zu bekommen. Endlich war es soweit. Ich hatte Herzklopfen, als würde ich Michael persönlich begegnen. Obwohl es immer die „HIStory" Tour war, wurde ich von Konzert zu Konzert aufgeregter.

Wir fuhren so ungefähr 5 Stunden vor Konzertbeginn zum „Olympia Stadion" in der Hoffnung, zu den Ersten zu gehören, die sich am Haupttor versammelten. Wir kamen an und alles war voll. Wir sahen nur Menschen. Also das übertraf bei weitem die drei anderen Konzerte. So viele Menschen standen schon vor dem Eingang. Und wieder diese Ruhe, bei so Vielen, die dort vor der Tür standen, um endlich zu ihm zu können. Meine Freundin schlug mir daraufhin vor, zum Seiteneingang zu gehen, um eventuell an der Seite noch gut sehen zu können. Und wieder verhielten sich die Menschen vor dem Stadion und während des
Hineingehens wie in Amsterdam. Das war für mich schon sehr außergewöhnlich, dass sich Menschen in einem anderen Land – ich hatte ja nun den Vergleich- genauso ruhig verhielten wie in Amsterdam.

Enttäuscht ging ich mit ihr dort hin. Sie kannte sich in Berlin und im„Olympia Stadion" aus.
Nachdem wir uns dann dort platzierten und mit einigen Leuten zusammen warteten, entstand so etwas wie eine Freundschaft zwischen uns, obwohl sie uns ja völlig fremd waren. Die Ordner dort waren auch sehr nett und bestätigten noch einmal, was ich schon in Amsterdam fühlte, dass Michael ein sehr außergewöhnlicher Mensch sei. Sie sagten, dass sie noch nie miterlebt hatten, dass

einer, der so berühmt sei, so unheimlich natürlich und nett dem ganzen Personal gegenüber sei. Sie sagten, er bedanke sich auch bei seinem Personal, vom Tänzer, Musiker, über das technische Personal, bis hin zu den Ordnern (bei allen Beteiligten). Immer vor und nach dem Konzert bedanke er sich.

Das konnte ich nur bestätigen, denn das machte er sogar während des Konzertes, damit wir, die Fans, wussten, dass er ohne sie die Konzerte gar nicht hätte geben können. Das machte mir Michael noch sympathischer. Ich möchte sogar sagen, dafür „liebte" ich ihn.

Aber diese Liebe ist eine andere als die zwischen Mann und Frau. Diese Liebe kann ich in Gefühlen nicht ausdrücken, diese muss man einfach in seinem eigenen inneren spüren und das tat ich.

Das Unterhalten mit den Ordnern tat schon gut, da sie mir nur bestätigten was ich fühlte. Das warten verging wie im Flug und nun sollte es bald soweit dass der Einlass kam. Wir stellten uns schon seelisch darauf ein, dass das Stadion schon sehr voll sein würde bevor wir dort hineinkämen. Aber es war egal. Seine Stimme zu hören und zu wissen, er ist da, hat alles wieder wettgemacht. Aber was war das? Der Ordner rief uns zu sich und sagte, dass der Seiteneingang zu erst geöffnet werden würde.

Jetzt während des Schreibens, bekomme ich das gleiche Herzklopfen wie damals, vor dem Einlass. Es ist schon eigenartig.

Der Ordner sagte uns, wo wir lang laufen sollten, um nach vorne zu kommen und das wollten wir auch. Ich war so aufgeregt so dass ich gar nichts mehr begriffen hatte. Meine Freundin gab mir Anweisungen genau das zu tun, was sie mir sagte. Okay, damit war ich einverstanden, da ich das Gefühl bekam als versagten mir die Beine. Das

Funkgerät der Ordner ging an, der Eingang wurde aufgemacht und ich bekam nur noch mit wie meine Freundin rief: „ Eike renn! Los, nimm die Beine in die Hand und renn immer hinter mir her!
Aber renn was das Zeug hält." Natürlich hielt ich mich an ihre Anweisungen, denn ich wollte sie ja auch nicht verlieren. Es ging Treppen rauf, runter, durch das Gebäude nach draußen, zwischen den Sitzbänken, Gängen und immer nur rennen und immer nur die Worte: „ Los beeil dich, renn!".

Also so einen Marathon bin ich ja in meinem ganzen Leben noch nicht gelaufen! „Aber egal",
dachte ich, „ man hinterher".

Foto: Eike Bölting, Deutschland

Als wir unten im Feld angekommen waren, wurde mir erst bewusst, warum ich so eine lange Strecke rennen sollte. Ich traute meinen Augen nicht, als mir der jeweilige Ordner ein rosa Bändchen um mein Handgelenk band.

Meine Freundin hatte es geschafft, uns bis nach ganz vorne zu bringen. Wir standen in der vierten Reihe! Ich konnte es noch gar nicht glauben! Es war wie im Märchen. Ich musste mich erst einmal setzten und verschnaufen. Auch während des Sitzens dachte ich, ich würde umkippen. Aber wir hatten ja nun noch jede Menge Zeit um uns zu erholen. Meine Freundin lachte mich nur aus und meinte ich solle sitzen bleiben bis Michael kommt. Aber es war auch fast so. Die Vorgruppe kam, die ich allerdings noch nicht richtig wahrnahm. Aber mir ging es ja schon viel besser.

Die Zeit rückte näher, es wurde schon etwas dunkler draußen. Und dann war es soweit. Oh man, die Lautsprecher gingen an und Michael wurde angesagt. Ich konnte sehr gut sehen, obwohl zwischen Bühne und Zuschauerraum noch sehr, sehr viel Platz war. Der Vorspann an der Videoeinwand lief ab, seine Stimme war zu hören und ich war wie elektrisiert. Und wieder war die Raumkapsel da, ohne dass wir mitbekamen, wie sie auf die Bühne kam. Und darauf wollte ich doch nun, da ich soweit vorne war, unbedingt achten.

Da! Plötzlich öffnete sich die Tür der Raumkapsel und da stand er! Ich konnte es nicht glauben, so nah vor mir. Ich konnte sein Gesicht seine Haare, alles konnte ich sehr gut erkennen, aber die vielen Menschen die neben mir, vor mir und hinter mir waren, nahm ich plötzlich nicht mehr war. Das war so dicht vor mir und ich bin fast in Ehrfurcht erstarrt.

Diese Anziehungskraft die von ihm ausging, war und ist unbeschreiblich.

Ich stand da und sah ihn nur an. Egal wo er auf der Bühne hin lief, ich verfolgte ihn mit meinen Blicken. Ich konnte nicht mitsingen, ich konnte mich noch nicht einmal mehr bewegen. Ich sah nur ihn und ich wusste, dass etwas mit mir geschieht, das nicht von dieser Welt war. Alle Anstrengungen die vorher gewesen sind, waren plötzlich weg. Heute will ich behaupten, er hat es tatsächlich geschafft, mich in eine völlig „andere" Welt zu entführen. Es war, als seien wir eine „ Einigkeit".

Foto: Inge Dove, Deutschland

Ja, ich konnte dem Mädchen, dass neben mir stand und auf ihrem Plakat stehen hatte „ Michael you´ve got the Key to my heart", nur total zustimmen. Es war göttlich ihm beim Tanzen zuzusehen. Jeden Buchstaben seiner

Lieder habe ich wie ein Schwamm aufgesogen. Ich wollte jeden einzelnen Buchstaben hören den er sang. Und dann auch noch alles so präzise zu machen, singen und tanzen, das hat mich vom Hocker gehauen.

Für mich stand fest, Michael ist nicht von „dieser Welt" und mein inneres Gefühl bestätigte mir meine Gedanken. Ich sah ihn plötzlich mit ganz anderen Augen. Das er ein sehr sensibler Mensch sein musste, dass bestätigten ja die Gespräche vorher mit den Ordnern. Aber das Lächeln in seinem Gesicht war von so einer Herzlichkeit, die unbeschreiblich ist. Und bei jedem „ I LOVE YOU" wusste jeder, dass er es ernst meint und nicht nur so daher sagt. Dies
ergab sich aus späteren Gesprächen mit den Zuschauern. Diese Herzlichkeit auf der Bühne, die er seinen Tänzern und Musikern entgegenbrachte, erfreute mich total. Sie lachten und scherzten, was sich wiederum auf das Publikum auswirkte.

Und plötzlich bei den Liedern, „You are not alone", „Stranger in Mocow", „She is out of my Life", „Heal the World", „Earth Song", um nur einige zu nennen, macht das Publikum die Feuerzeuge an. Man sah fast nur die Lichter. Was für ein Gefühl, das so weit vorne mitzubekommen das einfach unbeschreiblich ist, heute noch nach so vielen Jahren. Und auch jetzt läuft mir noch ein Schauer über den Rücken, so unbeschreiblich ergreifend war es.

Mir wurde immer mehr klar, dass Michael mein absolutes Vorbild in Bezug auf Menschlichkeit und Nächstenliebe wurde. Ich wollte das, was er uns vorlebte, auf jeden Fall an andere Menschen weitergeben.

In dem Augenblick hielten wir uns alle im Publikum an den Händen oder nahmen uns in den Arm. Was war das?

Wieder das Gefühl als kenne man den oder diejenige die vor neben oder hinter dir steht und dich festhält. Es war das Gefühl der vollkommenen Geborgenheit in mitten fremden Menschen. Und immer diese freundlichen und lieben Blicke um mich herum.

Natürlich waren diejenigen, die ihn ganz vorne gesehen haben total aus dem „Häuschen", das
war ja auch verständlich. Ich wüsste nicht wie es mir ergangen wäre, ihn direkt vor mir auf der Bühne zu sehen, ohne dass noch jemand vor dir steht.

Aber nicht zu vergessen wie es mir erging, als er während des „Earth Song" oben auf der Hebebühne über mir bzw. uns hing. Mir war bewusst dass uns nur einige Meter trennten.
Hilfe! Mein Herz klopfte so schlimm! Er war es! Er! Ich sah seine Schuhsolen, seine weißen Socken, seine Beine, ich konnte es nicht fassen und dachte nur, „wenn du fällst, fange ich dich schon auf. Nicht um ihn zu erdrücken, sondern um dich heil wieder zur Bühne zu bringen".
Ich weiß nicht was los war mit mir, aber selbst dort oben hatte er noch eine wahnsinnige Anziehungskraft. Michael strahlte eine solche Energie aus, das ist schon unbegreiflich.

Nach dem er dann wieder auf die Bühne zurückging und der Panzer auf die Bühne rollte, war es ganz vorbei. Das Publikum war so still wie nie zuvor.

Wow, dieses Bühnenbild, die absolut geniale Darstellung und Verkörperung des Songs war beispiellos. Wir wussten genau was Michael damit ausdrücken wollte.

Bild: Marion Schreiber, Thüringen, Deutschland

Nicht dass er Kriege und Hungersnot aufhalten könne, nein, dass, wenn wir alle zusammen halten würden und jeder einzelne auf der Welt dazu bereit wäre, für den anderen einzustehen, erst dann kann man in der Welt etwas ändern. Und ebenso wollte er uns ermutigen uns Gedanken über alles zu machen und uns von nichts und niemanden manipulieren zu lassen, sondern dass wir, wir bleiben sollen und uns nicht verbiegen lassen.

Wer Michael Jackson wirklich kennen lernen will um seines Willen, der muss doch nur mit Verstand seine Texte der Lieder lesen oder seine Reden lesen.

Aber nun zurück zum Konzert. Diese Darbietung des Liedes war genial. Auch die Kinder und Jugendlichen auf der Bühne die mit ihm zusammen singen und spielten durften waren unbeschreiblich gut. Auch „Heal the World" mit den Kindern und Tänzern war sehr ergreifend. Und ehe ich mich versah, kam auch schon das Lied „HISTORY". Noch gar nicht damit rechnend, dass es ja das Schlusslied war, war ich von den Fahnenträgern so begeistert, da sie fast direkt neben uns auf der Hebebühne liefen, dann der Nieselregen. Wow, das war einfach unbeschreiblich.

Ich war wegen meinem ausgelösten Gefühl Michael gegenüber noch so aufgewühlt, dass ich gar nicht richtig bemerkte, dass der Schluss von dem Konzert schon gekommen war.

Als Michael sich verabschiedete und dieses unbeschreibliche Lächeln in seinem Gesicht hatte, stellte ich mir die Frage, ob dieser Mensch auserkoren wurde, um uns die Botschaft zwischen Himmel und Erde wieder neu zu bringen. Und warum sollte das nicht in einem 20ten Jahrhundert geschehen, oder???

Es gibt so viele Wunder, nur leider sehen wir sie nicht mehr. Das ist jedenfalls mein Empfinden.

Als er dann die Bühne verließ und nicht wieder zurückkam, überkam mich das Gefühl nicht allein sein zu wollen, obwohl das ganze Stadion noch voll war. Ich würde sagen, ich hatte richtige Verlustängste, da derjenige, der mir durch das Konzert hindurch den Weg gewiesen hatte, nicht mehr da war. Ich konnte das Stadion einfach noch nicht verlassen, ich musste plötzlich weinen und wusste eigentlich nicht warum. Das Stadion wurde leerer und leerer, aber ich konnte einfach nicht gehen. Es war, als sei sein „ Geist" noch dort und darum konnte und wollte ich einfach nicht gehen.

Ich wollte doch noch so viel mehr erfahren: darüber was ich zu tun habe hier auf der Welt
oder was meine Aufgabe ist.

Meine Freundin hat es dann endlich geschafft mich mitzunehmen und langsam das Stadion zu verlassen. Und

da war es wieder. Draußen vor dem Stadion kam die Musik aus den Autos.
Wir wurden gefragt ob wir noch mit wollten etwas essen gehen. Aber wer waren die Menschen?? Fremde, mit denen ich vorher nie gewagt hätte zu sprechen, da sie ja fremd für mich waren.

Und da war es wieder: das Gefühl eine große Familie zu sein.

Michael hat mir den Anstoß gegeben, über mich selbst und meine Verhaltensweisen nach zu denken und vielleicht auch anders zu handeln. Dieses Konzert in Berlin hat mein Leben bis heute auf positive Art und Weise beeinflusst. Ich bin von Konzert zu Konzert froher,
mehr über ihn und mich in Erfahrung gebracht zu haben. Und vielleicht könnt ihr euch jetzt vorstellen, warum ich geschrieben habe, wie Michael Jackson meine Leben veränderte.

Juli 2011

Eike Bölting

HISTory Tour 1997 in Berlin Germany,
Bild: Eike Bölting, Deutschland


\* ♪ \* ♫ \* ♪ \* ♫ \* \* ♪ \* ♫ \* ♪ \* ♫ \* \* ♪ \* ♫ \* ♪ \* ♫ \*


Ich liebe dich für dein sicheres Lächeln.
Es macht mich fröhlich wenn ich traurig bin.
Ich liebe dich für deine Zärtlichkeit.
Sie wärmt mich durch und durch.
Ich liebe dich für deine Güte.
Und dein verständnisvolles Herz.
Das, dass immer irgendwie sagt
ICH LIEBE DICH MEHR.

Norsalah, Singapur

**Ich** hatte einen gut bezahlten Job als Designerin in einer bekannten deutschen Textilfirma.

Mein Chef bat mich nach einem Jahr in die Zweigstelle in die Nähe von Aachen zu wechseln und dort die Lehrlingsabteilung zu übernehmen.

Der dortige Betriebsleiter konnte mich nicht leiden, da ich mit Anfang 20 mehr Ahnung hatte wie er, die Lehrlingsabteilung übernommen hatte und dazu noch ein Stein im Brett beim Chef.
Kurz gesagt, er versuchte mir das Leben schwer zu machen.

Nach fast einem Jahr war ich soweit, dass ich wieder zum Hauptwerk wollte. Mein Chef versuchte mir alles möglich zu machen.

Er konnte mir aber nichts Adäquates anbieten. Also brachte ich kurzer Hand noch die Azubis durch die Prüfung und kündigte.

Ich wollte irgendetwas mit jungen Menschen machen und nicht wieder nur mit toter Materie experimentieren, obwohl mir dies auch Spaß machte. Aber für den Rest meines Lebens? Nein.

Dann liefen mir Kommissar Zufall und das Schicksal über den Weg.

Nachdem ich an einem Samstagmorgen aus der Stadt kam, zog ich eine Leseprobe unserer hiesigen Tageszeitung aus dem Briefkasten. Oben angekommen machte ich mir einen Kaffee, stellte das Radio an und blätterte in der Zeitung. Als ich zu der Seite mit den Stellenanzeigen kam, lief im Radio Michael´s Lied "Man in the Mirror".

Ich sah eine Anzeige einer Behindertenwerkstatt, die zum Aufbau einer Textilgruppe einen Techniker, Meister oder ähnliches suchten. Auf einmal hatte ich das Gefühl, das Radio würde immer lauter.

Ich achtete plötzlich nur noch auf den Text und starte dabei auf die Anzeige.
War das ein Wink des Schicksals? Ich sah zu meinem Michaelbild in der Küche auf und sagte: "Okay, wenn Du meinst, dann probiere ich es".
Ich begann noch am gleichen Nachmittag damit, meine Bewerbungsunterlagen zusammen zustellen.

Der Gedanke, dass Michael wollte, dass ich diesen Job bekam, ließ mich einfach nicht los. Man kann mich jetzt für verrückt halten oder sonst was, aber dieses Gefühl kann ich nicht anders beschreiben.

Am Montag brachte ich meine Bewerbung zur Post. Eine Woche später erhielt ich schon einen Termin für ein persönliches Vorstellungsgespräch. Nach 14 Tagen hatte ich meinen Probearbeitstag und nur 3 Tage später die Zusage, dass ich den Job hatte. Ihr könnt Euch gar nicht vorstellen, wie sehr ich mich darüber gefreut habe.

Eine Ausbildung zum Arbeitserzieher habe ich auch noch absolviert.

16 Jahre lang leitete ich die Textilgruppe, in der hauptsächlich verhaltensauffällige, lernbehinderte oder psychisch kranke junge Menschen arbeiteten.
Als die Auftragslage immer schlechte wurde, wurde die Textilgruppe geschlossen. Wir zogen in eine neue Zweigstelle, die ich mit aufbaute und machen nun verschiedene Arbeiten. Mittlerweile bekomme ich auf Grund meiner Erfahrung immer unsere Härtefälle. Es ist

Bild: Ira Linke, Deutschland

immer wieder eine neue Herausforderung, diese Menschen auf den rechten Weg zu bringen.

Jetzt ist es schon über 20 Jahre her, dass ich diesen Job angefangen habe. Ich möchte ihn um nichts in der Welt mehr missen. Es ist so toll zu sehen, wie sich die Leute entwickeln wenn man ihnen nur ein bisschen Liebe, Aufmerksamkeit und Selbstvertrauen schenkt.
Die Meisten von ihnen schaffen es, ein halbwegs normales Leben zu leben. Ich nenne sie immer liebevoll meine Kids, auch wenn sie zum Teil so alt sind wie ich und schon 20 Jahre an meiner Seite arbeiten.

Da ich leider keine eigenen Kinder bekommen kann, sind es für mich sozusagen Ersatzkinder.

Michael bin ich unsagbar dankbar dafür, dass er mich, wie auch immer, zu diesem Job oder besser gesagt, zu dem Entschluss gebracht hat, den Job zu übernehmen.

Andrea J., Deutschland

Bild: Gulnara Nurgaleewa, Russland

**Ich** bin in Südkalifornien aufgewachsen. Ich lernte Michael während der ersten Proben zur „This Is It"-Tour in Burbank, Kalifornien, im Studio kennen. Mit Michael zu arbeiten war surreal. Es war wie eine Art außerkörperliche Erfahrung, bei der du nicht wirklich glauben kannst, dass du da bist. Doch du gibst dein Bestes, weil er derart außergewöhnlich war. Ich habe von Michael gelernt, dass du für deinen Erfolg selbst verantwortlich bist und das Geschenk, das Gott dir gab, ehren musst... Niemand hat einen Anspruch darauf!

In der Zusammenarbeit mit ihm, war Michael ein sehr süßer und liebenswürdiger Mensch. Er war in seinen Gedankengängen, seinen Visionen für die Tour und in seiner Arbeit direkt und sehr konkret. Ich war mit Michael nur auf der Bühne zusammen. Ich erinnere mich an sein erstaunliches Parfum und daran, wie ich es roch, bevor ich ihn überhaupt sah...

Meine Nase wusste als erstes, dass der „Boss" kam! Der ganze Prozess war eine einzige große besondere Erfahrung...

Jeder Augenblick und jede Erinnerung verschmilzt mit der nächsten, wie in einem Film!

Was Michael`s Fans angeht, bin ich sehr dankbar, dass meine Zusammenarbeit mit ihm ihre Aufmerksamkeit auf mich lenkte, doch ich glaube, es ist Michael`s Licht, von dem wir alle angezogen werden. Ich bin jedem Zusammenspiel und jeder Würdigung meines Beitrags zu Michael`s Vision für „This Is It" durch die Fans sehr zugeneigt.

Ich werde weiter Musik machen und hoffe, in nicht allzu ferner Zukunft ein weiteres Album veröffentlichen zu können... Und ich möchte meinem Sohn ein guter Vater sein!

Alles Liebe, Ken Stacey, (Michael Jacksons Backgroundsänger) www.kenstacey.com

Bild: Marion Schreiber, Thüringen, Deutschland

## Michael – ein Vorbild für Alle

Michael hätte einfach sein Geld nehmen, uns abkassieren und sich ein sorgenfreies Leben erkaufen können.
Er hätte sich nicht um uns kümmern brauchen.
Er hätte denken können „was gehen mich eure Probleme an oder die der Menschheit solange es MIR gut geht".
Er hätte ein gewissenloser Egoist sein können….

Aber Michael war anders gestrickt.
Er hatte den Wunsch, die Welt in Einklang zu bringen, durch nichts geringeres, als den Weltfrieden, soziale Gerechtigkeit, alle Kinder zu fördern, Umweltschutz, ein einvernehmliches Leben mit Tieren und unbegrenzt Liebe an alle Menschen zu schenken!

Er selbst war das Vorbild dafür, was seine Aussagen und sein Engagement äußerst authentisch machten.
Der Weg, die Schritte zum Frieden, machte Michael vor, wir brauchen sie nur nachzumachen.
Michael´s Fußspuren geben die Richtung vor, nun müssen wir allein weiterlaufen.
Er hat uns gezeigt, dass Liebe alle Grenzen überwinden kann und hat sich um jeden Menschen gleichermaßen gesorgt und gekümmert. Für ihn existierten unwichtige Dinge wie Nationalität, Hautfarbe, Religionszugehörigkeit, Sozialstatus, etc nicht.
Er bemühte sich stets jedem Menschen offenherzig, liebevoll und unvoreingenommen zu begegnen.
Genau so machen Kinder das auch.

Ich denke, viele Menschen, besonders Frauen, können nachvollziehen, warum Michael sich so herzlich um Kinder kümmerte.
Kinder, die unverschuldet tödlich erkrankt sind;
Kinder, die in Armut leben;
Kinder, die von und bei ihren Eltern unerwünscht sind;

*"Wenn der Verstand der Menschen
durch Wut und Hass getrübt ist,
kann kein Engel sie erreichen."*

Michael Jackson

Bild: Ira Linke, Deutschland

Kinder mit Behinderungen;…..

Jedes dieser Kinder verdient eine Chance – und Michael bemühte sich sehr, sie ihnen zu geben. Sie sollten ihr Leid, egal welches, zumindest vorübergehend vergessen können.
Viele Menschen auf dieser Welt haben teilweise schreckliche Vorurteile und machen damit sich selbst und den Mitmenschen vieles kaputt. Sie wissen scheinbar nicht, wie erfüllend es sich anfühlt, anderen Menschen zu helfen.

Michael´s Wunsch, der Weltfrieden, das Paradies auf Erden, ist kein Hirngespinst wie manche denken.
Wenn wir uns alle etwas anstrengen, uns ehrlich bemühen und ein paar Spielregeln ändern, bewegen wir uns in die richtige Richtung.
Wir sollten einander als Vorbild dienen und unser Wissen über Liebe, Frieden und Gerechtigkeit weitergeben.

„Eine Reise von 1000 Meilen beginnt mit einem einzigen Schritt" – ein Lächeln; ein liebes Wort; Ehrlichkeit; Respekt; Menschen die man liebt sagen dass man sie liebt; jedem Menschen die Chance geben, dein bester Freund zu werden;…mir fallen so viele Dinge ein.

„Barmherzig sein bedeutet, dem Mitmenschen die Tür zu öffnen noch bevor er anklopft"

Im Kleinen fängt es an und immer bei sich selbst – schaue in den Spiegel.
„Start with the man in the mirror" – fange bei dir an.
Denn erst dann kannst du Michael´s Botschaften an Andere weitergeben. Du selbst musst sie verkörpern und seine Botschaften verinnerlicht haben.

So können wir Michael´s Traum näher kommen.

Michael´s Fußspuren sind riesig. Wir sind weltweit eine große Familie und wenn wir uns alle bemühen ein Licht zu werden und zu sein, so können wir zusammen strahlen, der Welt ein Lächeln aufsetzen und viel Liebe geben.

Michael haben wir dabei kontinuierlich in Gedanken und wir, da bin ich mir sicher, sind auch in seinen.
Michael hat sich stets für seine Mitmenschen aufgeopfert.
Es ist an uns, ihm etwas zurück zu geben:
Beerben wir ihn und machen ihn glücklich und stolz.

Let´s spread love into this world – lasst uns Liebe in die Welt senden, denn,
it´s all for the
L.O.V.E.

Jutta Keitmeier, Germany

Bild: Christine Walldén, Schweden (Unschuld,
Wir werden ihn schützen...)

## War es die Wahl Gottes

Deine tiefbraunen Augen, sie sind überall
Jedesmal wenn ich meine Augen schließe kann ich sie
sehen
Deine Lippen, dein Lächeln, der Klang deiner Stimme
Wer hat es genommen, war es die Wahl Gottes?

Die Wärme deiner Hände, die Liebe in deinem Herzen
Es zerreißt mich deine Abwesenheit zu spüren
Wo gingst du hin? Bist du noch da?
Wenn dem so ist, gebe mir bitte ein Zeichen
Weil du weißt, ich liebe dich mein Herz

Sie verstehen nicht

Mein Körper ist hier, aber meine Seele ist bei dir
Oben im Himmel, so sorgenlos und traurig
Geh schon, lächel und singe dein Lied
Aber denk daran, ich gehöre zu dir

Sie verstehen einfach nicht

Ich vermisse dich, Michael
Sie verstehen nicht, wie sehr ich dich vermisse

Laura Jackson, Belgien

### Michael Jackson; in meinem Herzen
An meine ewige Liebe Michael Jackson.....

Erde, Kinder, Liebe und Frieden
Das waren die Dinge
Die du immer erreichen wolltest
Vielleicht konnte kein Anderer sie erreichen

Bei Niemandem sonst habe ich mich so gefühlt
In der Erinnerung der Weltgeschichte
Kein Anderer konnte daran denken
In der Erinnerung des Mysteriums der Liebe

Es ist schwer, meine Gefühle auszudrücken
Es ist etwas innerliches
In meinem Herzen und in meiner Seele
Etwas, dass sehr schmerzt
Ich hoffe, dass du dort mit Vögeln fliegst
Wie die Engel, als wärst du auf der Erde

Der Held meiner Kindheit
Ich kann deine Seele spüren
Könntest du mir bitte sagen
Ist da noch Jemand anderer
Interessiert an der Frieden schaffenden Rolle?

Sei nicht so weit weg
Irgendwie musst du hier sein
Ich möchte deine Seele und dein Herz fühlen
Mit deinem einzigartigen Lächeln
Dass ich schon eine Weile gesucht habe

Es ist schwer, meine Gefühle auszudrücken
Es ist etwas innerliches
In meinem Herzen und in meiner Seele
Etwas, dass sehr schmerzt
Ich hoffe, dass du dort mit Vögeln fliegst

Wie die Engel, als wärst du auf der Erde

Oh mein Gott!
So wie es ist
Bist du aus meinen Händen
Du bist zu früh gegangen
Es kann nicht Teil deiner Verdammung sein
Ich verspreche, ich werde dich nie allein lassen
Alles, was ich sagen will ist, dass
Du nicht allein bist
Du pflegtest hinter die Sterne zu blicken
Und dies einen besseren Ort zu machen
Nun, wer wird auf uns aufpassen
Ohne dich an unserer Seite?

G. Hande Kurt, Türkei

Bild: Inna Budnik, Russland

91

Manchmal sitz ich da und schau in den Himmel, ich versuche dich zu finden.
Nachts, wenn die Sterne da sind, sitz ich alleine am Fenster und spreche mit dem Mond, in der Hoffnung, dass du auf der anderen Seite bist und auch mit mir redest.
Ich weiß du bist dort irgendwo, irgendwo weit weg ... ich will dich zurück.

Du hast mir so viel gegeben in meinem Leben, du bist immer da, wenn es mir schlecht geht ... mit deiner Musik.
Du bist immer da, wenn ich dich brauche ... in meinem Herzen.

Manchmal sitz ich auch einfach nur da und schau mir ein Bild von dir an ... du bist so wunderschön.
Deine Augen lassen die Sterne erblassen ... deine Lippen lassen mich Träumen!
Deine Hände so zart und doch so stark ... wie gerne hätte ich mich einfach mal von dir halten lassen.
Und dein Lächeln ist so verzaubernd ... einfach wunderschön.
Wenn du lachst bleibt die ganze Welt für einen Moment stehen, weil du alle in deinen Bann ziehst.
Wenn ich in dein Gesicht sehe, geht es mir gut, ich fühle mich wohl, du gibst mir Kraft.

Was gäbe ich dafür, dir das einmal selbst zu sagen. Du hast mir so viel gegeben ... DANKE dafür!

Ich hoffe so, dass es dir gut geht da wo du jetzt bist!
Das du deine Kindheit nachholen kannst,
Wasserschlachten machen kannst, einfach du sein kannst.
Ich wünsche mir das du da wo du jetzt bist jemanden hast der dich hält und für dich da ist!
Das ist mein Herzenswunsch für dich!

Michael I love you most! Ich liebe dich mit jeder Faser meines Körpers!
Ich werde dich niemals vergessen, ich trage dich in meinem Herzen für immer!
God bless you, Michael!

Liebe Grüße
Katrin

Fotos: Louise Verseau, Russland

**Ein Engel und ein Mädchen: wie ich Michael Jackson Fan wurde**

Vermutlich sollte ich bei den Engeln anfangen. Es gibt Engel im Himmel und manche von ihnen waren auf der Erde.
Glücklicherweise kam vor etwa 50 Jahren ein Engel auf diese Erde. Er brachte uns Licht, Zärtlichkeit, Liebe, Glückseligkeit; er war immer für eine Überraschung gut.

Dieser Engel hat Millionen von Menschen berührt, aller Rassen, aller Farben, aller Länder und brachte sie zum Weinen, Lachen, Schreien, Hüpfen und zum Verlieben in ihn und sein Talent.
Auf diese Weise beginnt meine Geschichte mit diesem Engel.

Ich bin Lucia Gabriela Rojas Rojas, geboren in Venezuela, das einzigste Mädchen in einem Haus mit drei älteren Brüdern.

Es war mein achter Geburtstag als mein Bruder, der Einzigste der noch mit mir im Elternhaus wohnt, die Musik anmachte.

Seit ich klein war, lief immer Musik in meinem Elternhaus. Das Erste woran ich gewöhnt war, war Musik zu hören. Für gewöhnlich hörte ich mit meinem Bruder Musik über unseren ersten Computer. Oder wir sahen uns damit DVD´s an. Es war verrückt.

Nun, als ich Michael Fan wurde, erzählte mein Bruder mir, er sei nicht überrascht über diese schnelle, innige Zuneigung für Michael.
Als Jugendlicher hätte er auch so gefühlt. Er war ein Fan von Michael, meine Mutter auch - als Michael noch mit seinen Brüdern auftrat.

Ich denke die Geschichte fängt mit mir wieder an, nun da ich einen eigenen Charakter habe.

Ich wurde MJ Fan als ich 11 oder 12 Jahre alt war. Die ersten Lieder von ihm, die ich hörte, waren "Don´t Stop Till You Get Enough", "Rock With You" und "I Want You Back". Das letzte Lied sang ich ständig in der Schule, in jeder Sekunde der sechsten Klasse.

Ich erinnere mich an 2004 als Michael´s tolle Zusammenstellung "Number Ones" erschien. Aus irgendeinem Grund traute ich mich nicht, die Platte zu kaufen. Mein Bruder kaufte sie mir schließlich als Geschenk, zusammen mit einem "Monopoly", Michael´s Lieblingsspiel.

Ich muss immer lächeln wenn ich daran denke.

Ich erinnere mich, wie fasziniert ich von Michael´s Tanz in seinem Video "Don´t Stop Till You Get Enough" war. Es war das erste Mal, dass ich einen schwarzen Mann so tanzen sah!

Meine Augen waren wie zwei große Spiegeleier, die am Bildschirm klebten und nichts verpassten.

Ich bereue, dass ich Michael kurze Zeit später vergaß. Ich bin ein großer Fan Japanischer Anime und mag "Sailor Moon" und "Candy Candy".

Ich vergaß ihn, manchmal hasse ich mich selbst dafür. Aber im Jahr 2007 kam die Magie zurück.

Nachdem ich an meiner rechten Schulter operiert worden war und die sechste Klasse praktisch kaum zu Gesicht bekam, war es sehr schwer für mich.

Es war sehr schmerzhaft zu sehen, wie stark Rassismus an der Schule vertreten war. Nur wenige Menschen halfen mir. Michael war einer von ihnen.

Ich erinnere mich, dass meine Brüder gelegentlich über Michael sprachen und mein ältester Bruder Renee erzählte vom Film "Moonwalker". Ich begann mich für diesen Film zu interessieren und mein Bruder meinte, der Film sei richtig gut.

Ein bekanntes Sprichwort sagt: "Die Neugier tötet die Katze" (vergleichbar mit "Ich sterbe vor Neugier") - es hat mich sprichwörtlich getötet, zerrissen.

Nachdem ich die "Number Ones" in Händen hielt, bekam ich von meinem Cousin "HIStory: Past, Present, Future - Vol. 2".

An diesem Tag habe ich vor Freude geschrien. Ich saß auf dem Bett meiner Mutter und sah mir alle Kurzfilme an. Ich war wie gebannt. Es war zuviel für mich. Ich hatte nie zuvor eine Person wie Michael gesehen, der zu so etwas fähig war. Ich fühle noch immer so.

2007 habe ich endlich den Film "Moonwalker" gesehen. Ich erinnere mich, dass es genau die letzte Szene war, die mein Herz berührte - und es schmolz.

Er verkörperte eine Lieblichkeit, bei der ich mich fühlte, ich läge in seinen Armen und könnte mit ihm weg fliegen - an einen anderen Ort.

Fotos:
Louise
Verseau,
Russland,
Gedenk-
stätte
Moskau

Ich danke meinem Bruder an diesem Tag darauf bestanden zu haben den Film zu sehen, ansonsten würde ich immer noch einen Weg suchen meine innere Leere zu füllen.

Schon da wusste ich, welchen Personen ich für mein Talent zu danken hatte.

Dank Michael schreibe ich Gedichte, ohne sein Buch "Dancing The Dream" mit seinen Geschichten und Reflektionen, könnte ich meine Gedichte gar nicht schreiben. Es ist eine Tatsache, dass die Meisten meiner Gedichte durch ihn inspiriert wurden. Ich habe so viele Gedichte, ich kann sie schon nicht mehr zählen. Hehe.

Ohne ihn würde ich nicht singen. Es war das Singen seiner Lieder in der Schule, was mich mit Glück erfüllte. Ich wurde Sängerin in einer Musikgruppe, die mein damaliger Musiklehrer formierte. Ich singe immer noch seit diesem Tag.

Dank Michael und meinen Eltern konnte ich in zwei Stücken und einer Theaterübung schauspielern und vortragen.

Ich werde "Film" an einer Hochschule studieren; ich möchte Drehbuchautorin werden. Und all das ist geschehen wegen meiner Eltern, aber insbesondere Michael, die mir meine Talente aufzeigten.

Die letzten Tage seines Lebens...

Ich hatte nie gewusst, wie nah der Tod ist, so nah. Ich hatte nichts getan. Es war sehr spät als ich erfuhr, was geschehen war.

Ich dachte immer, ich hätte alles zum Leben. Ich hatte alles, was ich brauchte für´s gelingen: eine tolle Familie, Freunde, eine Zukunft.

Ich wurde von jedem gemocht. Ich hatte Mission. Diese Mission war es, ihn kennen zu lernen. Das wäre die Krönung gewesen!

Manchmal bereue ich es, egoistisch gewesen zu sein. Ich erkannte nicht, wer meine Hilfe brauchte. Ich wusste ich wäre in der Lage gewesen mein Leben für ihn zu geben.

Mein älterer Bruder und ich schworen einen Pakt: sollte Michael in Südamerika touren und nach Venezuela kommen, würden wir unser Bestes geben, jedes dieser Konzerte zu besuchen. (Nur wenn er nach Südamerika gekommen wäre).

Ich fühlte mich wie ein Kind in diesen Tagen. Ich war glücklich. Aber meine Klassenkameraden machten mir das Leben zur Hölle. Ich schrieb, um meinen Gefühlen freien Lauf zu lassen, zählte die Tage bis zum Tourstart.

Bild: : Louise Verseau, Russland

An diesen Tag, am 25. J ...war zu Hause den ganzen Tag der Strom ausgefallen. Ich entschied bei meiner Tante und meinem Cousin zu bleiben, zu reden und Spaß zu haben. Um 18 Uhr war der Strom wieder da und ich ging nach Hause. Meine Mutter und mein Bruder saßen in der Küche. Sie verhielten sich merkwürdig, verdächtig, flüsterten und murmelten. Ich fragte sie, was los sei. Mein Bruder meinte, ich solle den Fernseher anstellen. Ich ging in mein Zimmer und entschied, per Computer Musik zu hören. Mein Bruder wiederholte, ich solle den Fernseher anstellen, sie redeten von MJ, es schien er sei in ein Koma gefallen.

Ich habe mich sehr aufgeregt, weinte und brüllte ihn an, Michael müsse am Leben sein, es sei unmöglich und Michael müsse stark sein, dass er mich nicht verlassen könne, dass er nicht sterben sollte...

Ich weinte mir die Augen aus, ich schlug mit den Fäusten gegen die Wand, so dass meine Hände schmerzten. Etwa zwanzig Minuten später schaltete ich den Fernseher ein. Ich sah ein Foto von MJ, auf der einen Seite stand sein Name und darunter stand: 1958 - 2009. Das war alles. Ich war nicht ich selbst. Ich wollte mit ihm sterben. Ich erinnere mich nur noch daran, in das Bett meiner Eltern gegangen zu sein, meine Eltern auf der einen Seite und ich weinte in die Kissen auf der anderen Seite. Als ich am nächsten Tag aufwachte, verschlimmerte sich der Schmerz in meinem Herzen, ich fühlte mich wie ein Zombie. Meine Mutter zwang mich dazu in die Schule zu gehen, aber ich wollte nicht. In der Schule versuchte Jeder mich aufzumuntern, aber ich konnte nur weinen. Seit diesem Tag fühlen sich die Tage anders an. Die Welt ist kälter als vorher. Trotzdem versuche ich mein Leben voll auszukosten, ich versuche meine Träume zu verwirklichen, ich versuche zu leben und all die Momente zu genießen, aber alles erinnert mich an ihn.

Manchmal ist es bittersüß. Ich liebe Michael mehr als alles und Jeden auf der Welt. Ich hätte nie im Leben gedacht, dass Jemand wie er mich so anziehen würde. So sehe ich es mehr als jemals zuvor.

Er hat mir eine besondere Welt gezeigt, die ich zu erhalten versuche. Er zeigte mir die schönen Dinge im Leben, er lehrte mich, dass es nie unmöglich ist, die Sterne zu erreichen. Er ist ein Teil von mir.

Heute danke ich ihm, da ich weiß dass ich nicht allein bin mit dieser Liebe zu Michael. Ich habe einige Freunde im Internet kennen gelernt. Sie sind fast wie Geschwister für mich, Menschen wie Sarah Fauziyah Hana, Oliver Mendez, Jutta Keitmeier, Dee Dladas, Evelyn, Yahaida Bautista, Isabella Guillen haben mir gezeigt, dass ich nicht allein bin. Ich bin nicht die Einzige, die dieses Genie, diesen unglaublichen Mann Michael Jackson liebt. Ich danke euch dafür!

Ich denke wir, die Fans, sollten unsere Liebe zeigen und Michael all die Liebe zurück geben, mehr als jemals zuvor. Denn zu seinen Lebzeiten hat er uns geliebt. Wir sollten ihm zeigen, dass wir ihn lieben, eine wahre Geschichte von ihm und mir erzählen...aus tiefstem Herzen und tiefster Seele. Wisst ihr, ich dachte ich sei allein, aber jetzt, wo er im Himmel ist, fühle ich mich nicht mehr allein. Ich bin mir sicher, dass er uns beschützt.

Dies ist die Geschichte von einem Engel und einem kleinen Mädchen.

Lucia Rojas, Venezuela

Fotos: Louise Verseau, Russland

Bild: Marion Schreiber, Deutschland

Michael, unser Leben mit dir ist wie ein wunderschöner Traum.
Die Welt ist wie ein Blumenfeld:
keine Schmerzen, kein Leid, es gibt immer einen Schutz der Liebe.
Du bringst uns auf die richtige Spur, zeigst uns
den Traum einer besseren Welt.
Du hast uns dazu gebracht, zusammen die Welt zu heilen.
Warum hat sich das geändert?
Warum ist es bewölkt, anstatt dass die Sonne scheint?
Warum Michael, hast du uns verlassen auf dem schwierigen
Schlachtfeld des Lebens.
Wo keiner bereit ist zu bleiben und die Botschaft der
L.I.E.B.E.
zu verstehen.
Keiner liebt uns so sehr, wie du es tatest.
Wir vermissen dich.
Wir vermissen dein lebensfrohes Lachen.
Wir vermissen die Art, wie du mit den Augen spielst.
Wir vermissen die Art, wie du zur Limo rennst, vor den Paparazzi.
Ohne dich sind wir wie ein Herz, das nicht schlägt,
Sonne ohne Wärme,
Leben ohne Seele.
Nichts ist geblieben, außer zu weinen.
Michael, du bist alles für uns.
Du hast uns zu denen gemacht, die wir sind.
Wie kannst du uns verlassen?
Wir spürten deinen Schmerz, nun spürst du unseren.
Komm bald zurück Michael.
Wir werden dich immer vermissen und lieben, solange wir leben,
sogar über den Tod hinaus.

Soniya, USA

*„In ihrer Unschuld wissen sehr junge Kinder,
dass sie selbst ein Licht und Liebe sind.
Wenn wir es ihnen erlauben,
können sie uns beibringen,
dass wir uns auch so sehen."*

Michael Jackson

Bild: Anette Schmidt, Deutschland

## Auf den Spuren von Michael Jackson

Es gibt Momente im Leben, da weiß man, was Menschen einem bedeuten und wie sie das Leben verändert haben. So geht es mir auch mit Michael Jackson. Ich bin seit 1993 Fan und sein Weggang (Manche nennen es Tod, Manche denken es ist eine Verschwörung und er lebt noch irgendwo usw.) hat mich noch weiter verändert. Nach seinen Werten möchte und werde ich leben. Hätte es Michael Jackson nicht geben hätte ich u. a. niemals die USA kennen gelernt. Dafür danke ich ihm von Herzen. Ich danke ihm auch, dass er mir gezeigt hat, wer ich bin, was es für Werte im Leben geben sollte und was wirklich wichtig ist. Ich habe ihn niemals persönlich kennen gelernt, dennoch wollte ich auf seinen Spuren wandern, schauen wie und wo er lebte. Es ist eine schöne Erfahrung, weil ich ihm näher kam und weil ich ein Land kennen lernte, was mich fasziniert hat. Dabei darf man auch nie vergessen, dass es überall Probleme und negative Sachen gibt, die man bei einer Reise vielleicht nicht kennen gelernt hat. Aber ich bin fasziniert von dem Land und der Mentalität der Menschen. Nun ein kleiner Bericht meiner Reisen im Juni 2011 und Juni 2012 auf den Spuren von Michael Jackson in den USA. Ich möchte Euch schon mal vorwarnen, eine chronologische Reihenfolge gibt es nicht.

Im Juni 2011 startete ich zusammen mit einem lieben Freund die große Reise in den USA. Wir besuchten Orte wie New York, die Niagarafälle, San Francisco, Las Vegas und Los Angeles. Es war eine erlebnisreiche, beeindruckende, zeitweise stressige, aber einmalige Reise.

Eine weitere Reise folgte im Juni 2012, wo wir uns in San Francisco, Los Angeles und Miami aufhielten.

In Buffalo schauten wir uns die Niagarafälle an. Dies war ein beeindruckendes Naturschauspiel, wie ich es noch nie zuvor gesehen habe.

Ihr wundert Euch jetzt sicherlich, was das mit "Auf den Spuren von Michael Jackson" zu tun hat. Eigentlich nicht viel, außer dass wir unseren Michael auch dort begegnet sind. :-)

Aber erst einmal eine kleine Anekdote: Man überschreitet die Grenze gen Kanada einfach durch ein Drehkreuz, geht über die Brücke und genau in der Mitte der Brücke ist sozusagen die virtuelle Grenze, gekennzeichnet durch ein einfaches Zeichen. Also packten wir unsere Reisepässe erstmal wieder ein und genossen den Wind und somit etwas Kühle auf dieser Brücke, mit einem schönen Ausblick auf die Niagarafälle. Als wir dann weiter gingen, wurde uns bewusst, dass wir dann doch nicht so einfach "rüber kommen". In einem kleinen Raum fragte uns dann der Beamte, von wo wir kommen, was wir in Kanada wollen, wie lange wir in der USA schon sind und wann wir aus Kanada zurück kommen. Mich hätte es nicht gewundert, wenn der noch meine Schlüpfer-Größe hätte wissen wollen.

Als wir endlich auf der kanadischen Seite waren, hat es uns sehr überrascht, wie viel dort los war. Im Gegensatz zur amerikanischen langweiligen Seite waren dort mehr Menschen, mehr zum Schauen, eine kleine Vergnügungsmeile mit allem Möglichen und natürlich einen besseren Blick auf die Niagarafälle. Als wir das große Wasser bestaunt haben, sind wir auf Nahrungssuche gegangen und haben bei der Suche ganz plötzlich ein Wachsfigurenkabinett und 4-D-Kino gefunden. Da war unser Hunger wie weggeblasen.

Also erst ab ins Wachsfigurenkabinett und was soll ich sagen! Es war toll, für jeden von uns beiden was dabei. Für den Herren schöne Frauen - leider nur aus Wachs - und für mich nette Herren und für uns beide - Michael!!! Nein nicht nur einmal, sondern gleich vier Mal!! Ein eigener Michael-Raum mit drei Wachsfiguren. Ganz unten am Eingang stand zwar auch noch ein "MJ" aber der war nicht so gut gelungen. Der Raum war von Michael Jackson`s Musik erfüllt und es war eine Atmosphäre, die mir Gänsehaut bereitete. Außerdem fand ich die Huldigung in Form von vier Wachsfiguren einfach genial und sagte innerlich "Danke Kanada". :-)

Weiter ging es nach San Francisco. Diese Stadt auch sehr sehenswert und schön, aber dort gab es keine Spuren von Michael. Leider mussten wir nach zwei Tagen San Francisco wieder verlassen, damit alles in einen Zeitrahmen passt.

Wir ahnten zu dem Zeitpunkt noch nicht, was uns die nächsten vielen, vielen Stunden bevorstehen würde: 1012 Kilometer laut Routenplaner.

Frisch und noch munter starteten wir unsere Tour von San Francisco ins weit entfernte Las Vegas.

Michael`s Musik begleitete uns die ganzen zwölf Stunden. Zum Glück hatte das Auto eine Klimaanlage. Draußen

waren um die 40 Grad Celsius und es traf einen regelrecht
wie ein Schlag, wenn man aus dem Auto stieg.

*Foto: "Wachsfigurenkabinett Kanada"*

Die Landschaft wurde mit der Zeit noch karger und
zwischendurch gab es aber auch einen See. Das war ganz
seltsam, aber irgendwie faszinierend. Mitten in der
"Wüste" ein See sozusagen und nein, es war keine
Fatamorgana. Am liebsten wären wir da gleich hinein
gesprungen, allerdings kamen wir nicht wirklich an diesen
See heran, also konnten wir das kühle Nass nur von
weitem betrachten. Irgendwann sahen wir dann die
Lichter von Las Vegas. Genießen konnten wir das nicht, da
wir fix und fertig waren. Ewigkeiten suchten wir dann noch
den Eingang zu unserem Hotel. Wirklich wahr. Es sah zwar
groß und pompös aus, aber woooooo war der Eingang??

Und vor allem nahm die Suche nach einem Parkplatz (den man nicht bezahlen musste) einige Zeit in Anspruch.

Dort besuchten wir unter anderen die MGM-Studios, wo meines Wissens nach, Michael schon einmal ein Konzert gegeben hat.

In Las Vegas hatte ich noch ein ganz seltsames Erlebnis, da glaubte ich echt, ich bin „BALABALA".

Wir waren in einem „Foodcourt", da ich eine Kreislaufattacke hatte und dringend etwas zu essen brauchte. Wir haben die Essensstände dort abgeklappert und was gekauft. Da ging eine Rolltreppe runter und zum Ausgang. Wir standen noch direkt oben an der Rolltreppe. Da sehe ich wie jemand in einer goldenen Hose und weißem Oberteil sowie langen schwarze Haare unten an der Rolltreppe war und zur Tür herausging. Drei Sekunden später, war ich auch draußen, schaute nach rechts und links und sah "ihn" nicht. Es waren zwar viele Menschen zu sehen und ein Elvis Double, aber ihn sah ich nicht mehr. Ich meine, so ein MJ-Double fällt doch auf - beim Foodcourt habe ich ihn auch nicht gesehen - aber wenn er gerade unten an der Rolltreppe war, hätten wir das Double ja vorher sehen müssen .Vielleicht lag es an meiner Kreislaufgeschichte, dass ich schon Gespenster sah.

Als wir für zwei Tage in Las Vegas waren nutzten wir die Chance und besuchten Michael Jackson`s Anwesen in Las Vegas, 2710 Palamino Street. Es war sehr heiß dort, aber ich konnte da einfach nicht weg. Ich war so fasziniert und MJ`s "Zauber" war immer noch dort. Als wir dort vor dem Tor standen und danach die Straße auf und ab gingen, kam ein Müllfahrzeug vorbei. Der Fahrer rief uns zu "Yeahh here was Michael Jackson" (Anmerkung: Übersetzung: „Ja, hier war Michael Jackson") und machte den Daumen nach oben. Ich lächelte und winkte zurück. Das Erlebnis war auch wieder schön, da man merkt, dass Michael Jackson immer noch von vielen Menschen geliebt wird.

Selbst auf den Flughäfen, wie in Los Angeles und New York wurde ich positiv auf mein MJ-T-Shirt angesprochen. Im Jahr 2012 waren es dieselben Erlebnisse. Worte wie „I love Michael, too", „Yeahh he is the king", Daumen-nach-oben-Gesten waren öfters. Man wurde auch öfters gefragt, wo man denn dieses oder jenes T-Shirt her hat. Die waren etwas enttäuscht als wir „Germany" sagten. Es gab gar keine Negativkommentare. Also vergesst niemals: "a legend is always alive". (Anmerkung: Übersetzung: „Eine Legende lebt immer")

Das Anwesen von Michael in Las Vegas lag ein wenig außerhalb, also weiter weg von den Spielhöllen, dem Lärm, dem übertriebenen Glamour und dem hektischen Gedrängel entfernt. Dort war eine Idylle und so wie das Anwesen aussah, konnte man da bestimmt gut zu sich selbst finden und ich denke, dass Michael mit seinen Kindern angenehme Stunden dort verbracht hat.

Weiter ging es nach Los Angeles - die Stadt der Engel – im Jahr 2011.

Der Weg dorthin war besser als gen Las Vegas, viel kürzer und die Landschaft war auch schöner.

*Foto: Haus Las Vegas*

Kurz vor Los Angeles sahen wir viele, viele Windkrafträder, ein tolles Bild und wir wussten dann auch warum.

"Gefangen" zwischen Bergen und Täler war besonders starker Wind. Also Lenkrad festhalten und ab durch die Mitte. So langsam ging auch die Sonne unter und wir näherten uns Los Angeles.

Am ersten Tag in Los Angeles frühstückten wir ein bisschen Cornflakes und dann ging es auf den Spuren von Michael Jackson.

Neverland war u. a. ein Ziel. Davon werde ich als Erstes berichten. Ihr müsst Euch vorstellen, dass es in Los Angeles direkt an diesem Tag stark bewölkt war. Wir fuhren also gen Los Olivios. Einen hohen Berg mussten wir bis dahin überqueren. Es führte eine herrliche Küstenstraße direkt hoch ins Gebirge.

Wir überquerten diesen Berg, der vermutlich all die "bösen" Wolken zurückhielt und als wir auf der anderen Seite raus kamen, schien da die Sonne und ein schöner blauer Himmel offenbarte sich, angenehme Wärme war zu spüren und kaum ein Lüftchen Wind.

Michael hat sich das richtige Land und die richtige Gegend ausgesucht. Es ist so schade, dass sie ihm das genommen haben. Daran denke ich mit großer Wehmut.

Wir fuhren nach unserem Navi und kamen auf einem Anwesen raus. Da wir noch niemals in der Gegend waren, dachten wir anfangs, dass wir angekommen wären. Wir merkten allerdings schnell dass wir falsch waren, da uns ein Mann mit Hund entgegen kam. Aber weder der Hund noch der Mann fielen uns an. Er war sehr freundlich und erzählte uns, wo wir lang müssten und dass er etwas auf Deutsch sagen kann. Er meinte, er könne sagen, wie er ein Bier bestellt. :-)

Ja, ja diese Amis.

Also weiter ging es! Dieses Mal fuhren wir einfach die Straße weiter und sie wurde immer länger und länger. Dann sahen wir auf einmal links ein Tor und eine Blumenrabatte.

Und da waren wir!

*Foto: Neverland*

*Foto: Neverlandlandschaft*

Dort herrscht eine Art Magie und es ist einfach eine atemberaubende Gegend. Man kommt von Los Angeles aus über den großen Berg und dann strahlt die Sonne. Dann fährt man weiter, sieht rechts einen idyllischen See und noch einige Meilen und dann ist man angekommen. Die Magie von Neverland beginnt schon Meilen bevor man angekommen ist. Der Name ist im positiven Sinne passend. Traurig macht mich, dass dieses schöne Land zerstört wurde, dass die Liebe dort weggeholt wurde. Aber niemand hat mit Michaels Magie gerechnet! Auch wenn er lange nicht dort war (aber wer weiß, vielleicht wieder dort ist), hat man das Gefühl zu Hause zu sein, man hat das Gefühl Michael kommt sofort aus dem Tor oder um die Ecke und nimmt dich in den Arm. Man spürt ihn.

Ab und zu ging das Neverland - Tor auf und zu. Dies habe ich fotografisch festgehalten. Aber im Endeffekt konnte man leider nicht soweit sehen, man sah die kleinen Berge die sich über das Neverland erhoben und leider auch den Blick auf weiteres Gelände verbargen.

Dort am Neverland-Tor war im Jahr 2012 noch ein häufigeres Kommen und Gehen. Es sieht auch alles gepflegt, blühend und sauber aus. Ganz in Michaels Sinne.

Im Jahre 2012 war ich mit anderen, lieben deutschen Fans wieder bei Neverland. Es war da genauso schön wie im Jahre 2011. Es war ruhig, besinnlich, eine Natur, die traumhaft anzuschauen war. Wenn man überlegt, dass Michael jahrelang in dieser Idylle lebte, wird einem ganz warm um das Herz. Er fuhr die Straße lang, die wir fuhren. Er dachte vielleicht genauso wie wir, wie schön es doch hier ist. Man fühlte immer noch seine Gegenwart in

Neverland und das, obwohl er von dort weg gejagt wurde. Vor Ort lagen viele Fangeschenke, wie Blumen, liebevoll gestaltete Botschaften und zwei große Papierwände waren da, welche man beschriften konnte. Meine Freunde fuhren am späten Abend noch mal gen Neverland und erzählten mir später, dass sämtliche Fangeschenke und auch die Papierwände schon entfernt worden waren. Ich hoffe sehr, dass sie nicht weggeworfen wurden, denn auch durch die vielen Fangeschenken spürte man viel Liebe.

Die Fläche von Neverland ist enorm groß. Eine Freundin hat einen Helikopterflug über das Land gemacht und erzählt, wie schön es aussieht und dass alles gut erhalten ist. Die Springbrunnen laufen, der Rasen ist gemacht und die Gebäude sind gut erhalten. Von außen selbst sah man nur das Tor und konnte ein bisschen ins Land hineinschauen. Allerdings hat sich keiner getraut, den kleinen Zaun zu überspringen. Man fühlte sich beobachtet von den Kameras im Baum (ein schöner großer Baum, genau vor dem Neverland -Tor) und konnte erahnen, dass die Sicherheitsleute nicht weit sind. Außerdem achte ich immer noch die Privatsphäre von Michael. Er verbrachte sein Leben dort. Es soll auch immer ihm gehören und seine Privatsphäre erhalten bleiben, auch wenn er nicht mehr unter uns weilt bzw. sein Leben nun woanders verbringt.

Dieses Jahr machten wir einen Abstecher nach Los Olivios. Eine Freundin meinte, dass Michael dort ein Postfach besessen hat. Das war uns eine kleine Reise wert. Der Ort Los Olivios ist nur wenige Meilen von der Neverland - Ranch entfernt und uns erwartete ein verschlafenes kleines Städtchen. Das Postamt war auch sofort gefunden.

Wir rätselten, welches Postfach denn nun Michael`s gewesen sein könnte. Eine Freundin hatte so in etwa die Nummer im Gedächtnis und so mussten wir natürlich auch dort fotografieren. Wir kamen an der Galerie „Gallery Los Olivios" vorbei, die Michael immer besucht hat. Leider hatte diese geschlossen und wir konnten nur von außen einen Blick hineinwerfen, aber immer mit dem Gedanken: Michael war auch hier.

In unserem Urlaub 2011 besuchten wir das Staples - Center. Eher gesagt, schaute ich es mir kurz von außen an. Dort ist es echt schwierig einen Parkplatz zu finden. Es gab einfach keine! Ich bin bei einer Rotphase einer Ampel aus dem Auto gesprungen und meine Begleitung drehte noch ein paar Runden. Lange hielt ich mich dort nicht auf. Ich spürte auch weiter nichts „Michaeliges". Dennoch ist es interessant zu wissen, wo er seine letzten Proben gehabt hat. Es war einfach ein Muss für mich, diese Stätte zu sehen.

Der 25.06.2012 war für alle Beteiligten ein sehr emotionaler, anstrengender aber auch schöner Tag.

Ihr werdet fragen, was ist daran schön, wenn der Sterbetag/Weggangstag deines Idols ist. Ganz einfach: Es war ein Gefühl des Zusammenhaltes, es waren pure Emotionen, es war Frieden, Freiheit und alle, die vor Ort auf dem Friedhof Forest Lawn waren, waren eine Einheit, trotz oder gerade wegen der Traurigkeit und dem Verlust eines Menschen.

Eine Gruppe mit ähnlichen Sehnsüchten, Gedanken und Wünschen. Ich persönlich fühlte einen starken

Zusammenhalt zwischen fremden, aber doch sehr ähnlichen Menschen. Dabei ist es egal, ob der eine denkt, dass Michael noch lebt, der andere denkt Michael ist im Himmel und wieder ein anderer denkt, Michael ist einfach weg.

Als eine Frau neben mir weinte, nahm ich sie einfach in den Arm ohne sie zu kennen und tröstete sie. Heutzutage wird in dieser - unserer - Gesellschaft viel zu wenig auf die anderen Menschen geachtet. Aber das sind Werte, die Michael uns schon immer beibringen wollte und mir auch beigebracht hat. Das Gefühl bei Forest Lawn kann ich beschreiben als gleichzeitige Trauer und Glücklich sein. Die menschlichen Gefühle wie Trauer, Verlust, wechselten sich mit dem Gefühl des Zusammenhalts, des Stolzes und des Glücklichseins ab. Selbstverständlich beschreibe ich hier nur meine persönliche Gefühlswelt an diesem Tag.

Die Liebe, die dort in Form von Geschenken, Basteleien, Gedichten, gemalten Bildern und vielen Blumen gezeigt wurde, jagte mir beim Betrachten immer wieder eine Gänsehaut über den Körper. Viele haben sich große Mühe mit den Basteleien gemacht. Man merkte, wie viel Liebe dahinter steckt. Fast jedes Land der Welt war vertreten. Vor Ort waren auch viele Menschen verschiedener Nationalitäten. Alle waren nur aus purer Liebe zusammen, ohne Fremdenhass oder ähnliches. Dieser Mensch - Michael - und auch der Popstar - Michael Jackson - wird von vielen Menschen geliebt, geachtet und verstanden.

Ich war froh, meine lieben deutschen Freunde vor Ort zu haben. Da wir uns in Los Angeles getroffen hatten, sind wir natürlich auch gemeinsam zum Friedhof gefahren. Wir waren eine gemischte Gruppe von jung und alt. Es war eine schöne Zeit mit diesen Menschen.

An dem Tag kam auch der Bruder von Michael, Randy, zu Forest Lawn. Ich persönlich habe meine eigene Meinung dazu, wie er sich dort verhielt. Für mich sah es aus, wie eine persönliche Show und keine Huldigung seines Bruders. Dennoch möchte ich beschreiben, wie das von statten ging. Randy kam an, die Bodyguards baten uns weiter weg zu treten. Somit hatte Randy freie Bahn zum Eingang der Holly Terrace. Er verbrachte einige Zeit darin und als er raus kam, wählte er mit Fingerzeig aus, welche Person das Glück hat, zu der Beerdigungsstätte reinzugehen. Dann verschwand der Bruder. Später tauchte sein Vater auf. Man merkte vor Ort, dass jeder seine eigene Meinung hatte zum Auftritt des Vaters. Manche liebten ihn, manche verabscheuten ihn. Meine Meinung werde ich nicht preisgeben, denn das hat nichts mit meiner eigentlichen Geschichte "Auf den Spuren von Michael Jackson" zu tun.

Der Forest Lawn Memorial Park Glendale ist ein Friedhof, wie vermutlich alle Friedhöfe in den USA, der einem deutschen Friedhof gar nicht ähnelt. Es ist eine Parkanlage, welche man auch mit dem Auto befahren kann. Es wirkt alles sehr beruhigend, naturbelassen und anfänglich denkt man gar nicht, dass man sich an einem derartigen Ort befindet. So parkten wir, genauso wie die vielen andere Michael Jackson Fans, auf dem Friedhofsgelände und mussten eine kleine Anhöhe hochlaufen, bis wir das Meer an Blumen, Geschenken und die vielen Fans sahen. Da wir alle von der Holly Terrace emotional eine Pause brauchten, sind wir nach einigen

Stunden im Park spazieren gegangen. Dort standen nicht nur Leihwagen wie unsere Autos sondern auch viele Einheimische. In den USA kann man selbst sein Nummernschild auswählen. Die Gesetzlichkeiten dort sind nicht so streng wie in Deutschland. Da sahen wir dann Kennzeichen wie „MJ-Fan" und "MJJ-♥FAN". Aber besonders gut fand ich folgendes Kennzeichen, welches uns allen ein Schmunzeln brachte, weil wir wissen, wie recht der oder die AutobesitzerIn hat. Hier das Kennzeichen: „MJ-Haters (klein geschrieben) NVNCIBLE can kiss his royal ass". Meine persönliche Übersetzung: Michael Jackson Hasser, ihr könnt seinen königlichen Hintern küssen, denn er ist unbesiegbar/unschlagbar.

Später war ich emotional bewegt, dass wir uns alle an den Händen vor der Holly Terrace hielten, in der Minute, in der der Tod von Michael im Jahre 2009 verkündet wurde. Die Leute fingen an zu singen und selbst jetzt bei meinen Erinnerungen daran bekomme ich eine Gänsehaut. Es rührte mich zu Tränen und ich konnte mich einfach nicht mehr halten und musste den Kreis verlassen, der aus vielen, vielen Menschen bestand. Ich drehte mich um, weg von der Holly Terrace und so weinte ich die Weite des Forest Lawn Friedhofs. Es tat gut, dass ich von meiner Begleitung in den Arm genommen und festgehalten wurde. Ich fühlte mich in dem Moment Michael so nah, aber doch so fern. Ich vermisse Michael sehr, ohne ihn jemals gekannt zu haben.

Ich möchte die Gelegenheit nutzen, mich für die Freundschaft und Harmonie, die wir in Los Angeles erlebt haben, bei Ingo, Jonas, Doris, Petra und Heike zu bedanken.

Zwei Tage später besuchten wir nochmals den Friedhof. Diesmal ohne unsere Freunde. Ich konnte einen Blick durch die geschlossene, aber verglaste Tür auf den Sarkophag werfen. Vor Ort waren nur wenige Fans, einige erkannte ich wieder. Selbstverständlich waren auch sie am 25.06.2012 vor Ort. Es war ein sehr emotionales Erlebnis für mich, vor dieser verschlossenen Tür zu stehen und den kurzen Blick nach innen zu werfen.

Ich habe auch meine eigene Meinung, ob er dort begraben ist oder nicht. Diese ist aber egal, denn wichtig ist, dass WIR alle gleich sind, wir alle mögen/lieben den „King of Pop", mögen/lieben den Menschen Michael Jackson und lieben die Werte, die er uns vermittelt hat und auch weiterhin vermittelt.

Der Besuch von dem Haus, wo er zuletzt lebte, brachte mich 2011 emotional an meine Grenzen. Es ist ein komisches Gefühl, wenn man vor dem Haus steht, welches man sooft in den Medien gesehen hat und das Tor sieht, wo der Krankenwagen Michael weggebracht hat. Da habe

ich diese ganzen Ungereimtheiten seines Todes vergessen und einfach nur in mich hinein geschaut, was ich fühlte, als ich dort stand. Und ich fühlte enorme Traurigkeit. Wo auch immer Michael ist, ob im Himmel oder sonst wo, Fakt ist, dass er weg ist. Dass er dort, wo er lebte, nie wieder sein wird. 2011 war zu unserem Reisezeitpunkt noch nicht viel dort los, wir waren allein und vor Ort waren nur noch die Hausmeister. Das Tor ging mal auf, ich konnte einen Blick hinein werfen und es ist schön anzusehen. Ich fühlte mich Michael plötzlich so nah und dachte wehmütig: „schade, dass er nicht mehr hier lebt". So schnell, wie sich das Tor geöffnet hatte, ging es auch wieder zu. Die Hausmeister baten mich, dort einen Schritt weg zu gehen. Gesagt, getan. Ich wollte ja keinen Ärger. Auf dem Weg zu Carolwood fuhren wir durch Downtown Los Angeles und ich sah einen Abzweig wo "UCLA" drauf stand. Aber dieser "Spur" bin ich nicht gefolgt.

Das Anwesen in Carolwood ist nicht einsehbar. Man sieht nur Sträucher und Blumen.

Wenn man um das Haus herum geht, kann man allerdings einen kleinen Blick auf ein Zimmerfenster werfen, da dies herausragt und höher als jedes Grün da ist. Soweit ich weiß, war dieses Zimmer ein Badezimmer von Michael.

Die Tiefgarage konnte man sich auch anschauen. Natürlich war dieses Tor geschlossen, aber man konnte gut durchschauen. Dort stand sowohl 2011 als auch 2012 ein zugedecktes Auto. Wenn es Michael`s Auto ist, hätte ich es gerne getestet. Das muss doch dort nicht sinnlos in der Tiefgarage stehen. :-)

Bild: Inna Budnik, Russland

Ich hinterließ natürlich meine Blumen und Basteleien vor Ort, beschriftete den Stromkasten mit ein paar Botschaften. Dort war bereits ein schönes Portrait von Michael angesprüht worden. Ich gehe davon aus, dass meinem Beispiel noch einige folgten, denn im Juni 2012 war der Stromkasten neu gestrichen worden und man sah nichts mehr von einem Portrait oder meinen Botschaften. Keine Angst, ich wurde nicht nochmal zum Schmierfink.:-)

Der Besuch von Carolwood war emotional anstrengend, aber ich bin wirklich froh, die Möglichkeit gehabt zu haben, zu sehen, wo Michael seine letzten Tage verbracht hat. Im Juni 2012 hatte ich meine Gefühle besser unter Kontrolle und habe dadurch meine Freunde, die das erste Mal dort standen, trösten können. Wirklich nervig waren diese Touristenbusse, diese so genannten „Star-Maps-Tours" (Touren bei denen die Wohnstätten der Stars abgefahren werden). Fast alle fünf Minuten kam ein derartiger Kleinbus und man hörte immer wieder dasselbe, nach dem Motto „Hier lebte Michael Jackson der von dem Arzt Conrad Murray getötet wurde".

Dann machte es dauernd „Klick - Klick" und ich vermute, dass wir alle auf irgendwelchen Bildern von fremden Menschen sind. Ich muss sagen, da konnte ich das erste Mal ein kleines bisschen nachvollziehen, wie sich Michael gefühlt haben muss, wenn Kameras auf ihn gerichtet waren.

Bei uns war es nur ein bisschen, aber die Ausmaße, die es bei Michael hatte, sind unvorstellbar und mussten zeitweise eine echte Qual gewesen sein. Auch so begab ich mich auf die Spuren von Michael Jackson.

Im Juni 2012 waren mehr Fans vor Ort, weil der Todestag kurz bevorstand. Es war richtig viel los auf dem Carolwood Drive. Leider fanden das einige Nachbarn nicht so toll. Da fuhr eine Frau vorbei, schüttelte nur mit dem Kopf und verdrehte ihre Augen als sie uns dort alle vor dem Tor sah. Soviel zum Thema Toleranz. In dem Moment merkte ich, dass diese Frau nicht die Bedeutung von Toleranz kennt.

Genauso erging es einer Bekannten, die kurz zuvor am Neverland - Tor stand. Die Gegend ist normalerweise völlig unbefahren. Aber an diesem Tag waren einige Fans vor Ort und da kam ein einheimisches Auto entlang, kurbelte die Scheibe herunter und sagte bösartig: "Was wollt ihr noch hier? Michael Jackson ist tot! Ihr dummen Michael Jackson Fans...". Jetzt gerade, wenn ich das schreibe, spüre ich ein bisschen Wut in mir aufkommen. Aber ich denke, Michael würde jetzt wollen, dass ich mir denke: "Anja sei froh, dass du nicht so bist, dass du toleranter bist". Auch jetzt wandere ich auf Michael Jacksons Spuren, denn er hat uns die Toleranz gelehrt. Danke Michael.

Den Stern von Michael Jackson auf dem Hollywood Boulevard und die Abdrücke beim Chinese Theater, waren ebenfalls Ziele von uns. 2011 gab es ja nur den Hollywood-Stern und den besuchten wir auch. Dort stand ein Double, mit dem ich mich unterhielt. Wir unterhielten uns bestimmt eine halbe Stunde, zwischendurch stand er für Fotos (was ja sein Job ist) zur Verfügung. Manche Leute schauten mich erstaunt an, nach dem Motto: "Wow, die unterhält sich ja ganz normal mit dem". Es gab auch zwei japanische oder chinesische Fans, die weinten, als sie ihn sahen. Das berührte mich tief. Am Ende fragte er mich, ob ich ein Foto mit ihm machen will. Ich verneinte und verwies darauf, dass er ja Geld dafür will. Im Endeffekt zwang er mich regelrecht zu diesem Foto, natürlich ohne, dass ich bezahlen brauchte.

Im Juni 2012 sollte es anstrengender werden zum Hollywood-Stern zu kommen. Diese Straße war gesperrt worden wegen einer Veranstaltung im Bereich des Chinese Theater und einem Auftritt von Katy Perry. Zwei Anläufe waren vergebens. Zwei Tage, bevor wir Los Angeles verlassen mussten, konnten wir den Stern aufsuchen.

Der Hollywood Boulevard ist nicht voller Glamour oder so, aber er hat ein anderes Flair. Gerade wenn man über die Sterne der bekannten und unbekannten Menschen geht, hat man das Gefühl - hier ist Hollywood. Dass der Weg, bis zum Stern von Michael, doch immer ein größerer Spaziergang war, hat uns erneut nicht gestört. Denn wie schon erwähnt, wir wussten, wir würden ihn sehen. Genau wie letztes Jahr bekam ich ein leichtes Bauchkribbeln und als ich den schön geschmückten Stern sah, war es um mich geschehen. Ich kniete erneut nieder und huldigte meinem Idol. Danach schauten wir uns die Hand – und Fußabdrücke an. Erst haben wir zwischen den vielen Händen (Will Smith und den „Twilight" -Stars) keinen MJ und Kids gefunden. Aber plötzlich standen wir davor. Witzig war, dass ich kurz davor war, jemanden dort zu fragen, wo denn MJ sei. In dem Moment sahen wir die Abdrücke auf dem Boden.

Bild: Jordanka Englerth, Deutschland

Foto: Stern und ich

Viele trampelten darauf rum, weil sie unbedingt zu den drei „Twilight" Stars wollten...also zu ihren Hand- und Fußabdrücken. Aber wir bahnten uns den Weg und es gab schöne Fotos.

Einen anderen Abend, als wir alle den Hollywood-Boulevard "unsicher" gemacht hatten, kam ich spontan auf die Idee, vor lauter Frust, weil der Stern wieder gesperrt war, neben den MJ-Doubles die im Juni 2012 da waren, ein bisschen „Beat it" zu tanzen. In Petra, eine von den lieben Deutschen, die wir vor Ort trafen, fand ich eine Tanzpartnerin. Ohne Scheu fingen wir an, mehr schlecht als recht, „Beat it" zu tanzen. Ein Double (Thriller-Zeit) sah uns und kam angesprintet und gab uns eine kleine Tanzstunde. Das war voll cool und ich genoss es. Es war schon immer mein Wunsch, mal auf dem Hollywood

Boulevard zu tanzen. Petra und mir war es egal, dass wir nicht annähernd so gut tanzten wie das Double, aber wir zeigten, wen wir verehren. Nun bin ich sogar auf Michaels Tanzspuren gefolgt. Ich möchte mich nochmal ganz lieb bei Petra bedanken, dass sie diese verrückte Aktion mitgemacht hat.

Foto: Beat it tanzen

Wir besuchten ebenfalls die alte Schule von Michael, die „Gardener School". Da Ferien waren, war leider alles zu. Dennoch machten wir ein paar schöne Fotos und kauften leckere Erdbeeren in der Nähe. Wären wir nicht zu dieser Schule gefahren, wären wir auch nicht in den Genuss von kalifornischen Erdbeeren gekommen. Das hat doch auch was.

Die alte Wohnstätte der Familie Jackson in Encino besuchten wir bereits im Jahre 2011. Dort wurden wir durch die Sprechanlage leider aufgefordert, das geschlossene Tor zu verlassen. Dieses Jahr haben wir den Versuch nicht noch mal gewagt.

Später besuchten wir das „Beverly Hills Hotel", wo Michael auch einige Monate lebte. Dies befindet sich unweit von der Carolwood Street. Es war etwas befremdlich, als wir in geballter „MJ-Ladung" dort einmarschierten und den Glamour und Luxus sahen. Da fuhren nämlich schwarze Limousinen vor und die Leute, die da ausgestiegen sind, wirkten wie reiche, betuchte Menschen.

Aber das störte uns nicht und uns sah auch keiner schief an. Denn diese Menschen sind wie du und ich. Wir gingen in das Hotel, schauten uns dort ein bisschen um und machten Bilder auf den roten Teppich, der vor dem Hotel lag. Danach gingen wir zu den Bungalows, die sich um das Hotel befinden. Meine Freundin erzählte mir, dass Michael hier noch im Jahr 2009 war. Die Anlage ist wirklich herrlich, sehr gepflegt und schön angelegt. Aber nach den Zimmerpreisen habe ich nicht gefragt.

Meine Freunde besuchten später noch mal das Hotel und tranken im Hotelgartencafe einen Kaffee. Aber auch da fragte ich nicht nach den Preisen. Wichtig ist ja, dass es meinen lieben Freunden dort gefallen hat. Ich glaube sie fühlten sich dort Michael besonders nah.

An unserem letzten Tag in Los Angeles besuchten wir zusammen mit unseren Freunden ein bekanntes Restaurant in Beverly Hills. Unsere Freunde blieben noch eine Woche länger in Los Angeles und wir feierten sozusagen Abschied voneinander, von Los Angeles und von Michael. Einige Michael-Fans werden wissen, dass eines von Michaels Lieblingsrestaurants das „Chakra" in Bevery Hills seit den 90`ern war. Der Abend im indischen Restaurant war wirklich schön und vor allem auch lustig.

Foto: Beverly Hills Hotel

Im Restaurant selbst fragte ich, wo MJ denn genau gesessen hätte. Der nette Herr antwortete, dass MJ überall mal an diesen Tischen gesessen hätte. Da blieben uns natürlich immer noch alle Optionen offen, welcher

„zarte Hintern" auf MJ`s Platz sitzt *grins*. Im Endeffekt war das auch egal, für uns war es einfach wichtig, dass alle zusammenzusitzen an einem Ort, wo Michael auch oft war.

Weiterhin bekamen wir noch Kopien von der MJ-Menükarte. Dort sind alle Essen aufgeführt, die Michael dort gern und häufig bestellt hat. Man brauchte einfach nur höflich fragen, schon kam der Kellner mit Kopien dieser Karte. Gesagt, getan.

Das Essen war wirklich lecker und erst sah es recht wenig aus, aber wir wurden echt satt. Preislich ging es auch, ich dachte schon, wir müssten auf Gangster machen und irgendwo eine Bank ausrauben. Falsch gedacht, die Preise sind annehmbar und für das Essen wirklich angebracht. Ich schaute mir dann noch die anderen Räume dort an, wo man verweilen und sich gemütlichen auf Couch und Sesseln ausruhen konnte. Man muss es sich so vorstellen, dass sich im Vorderbereich des Restaurants die Esstische befinden und im hinteren Bereich abgeteilte große Räumen zum Chillen und Quatschen mit Freunden und Familie. Ich bin mir sicher, dass Michael sehr oft da saß, weil er da auch seine Ruhe mit den Menschen hatte, die er liebte.

Der Abschied viel uns allen schwer und unsere Freunde wollten noch, dass wir mit ins Häuschen kommen. Sie hatten sich zu viert ein Häuschen in den Hollywood Hills gemietet und dies war oft unser Startpunkt für Ausflüge. Aber es war leider schon spät, unser Flug nach Miami ging den nächsten Tag und wir hatten noch zu packen. Im Endeffekt saßen wir aber wieder nach dem schönen Abend noch auf dem Balkon in Long Beach und taten gar nichts. Uns war nicht nach packen, wir wollten das schöne LA, das Michael-Feeling und unsere neu gewonnen Freunde nicht verlassen. Am nächsten Tag fiel uns der Abschied von Los Angeles sehr schwer. Aber das nächste Ziel hieß Miami.

Ich werde meinen kleinen Michael-Reisebericht nun beenden. Es gab noch viele andere schöne Erlebnisse in den USA, die aber eher in eine Geschichte mit den Namen "Meine Reise durch die USA" passen würden. Ich hoffe, ich konnte Euch meine Erlebnisse etwas näher bringen und ihr hattet das Gefühl, dabei gewesen zu sein. Vielen Dank Michael, dass ich das alles erleben durfte. Vielen Dank an alle Menschen, die ich da kennen lernen durfte und großen Dank an meine Freunde.

Anja Senftenberg, Deutschland

(Fotos: Anja Senfenberg, Deutschland)

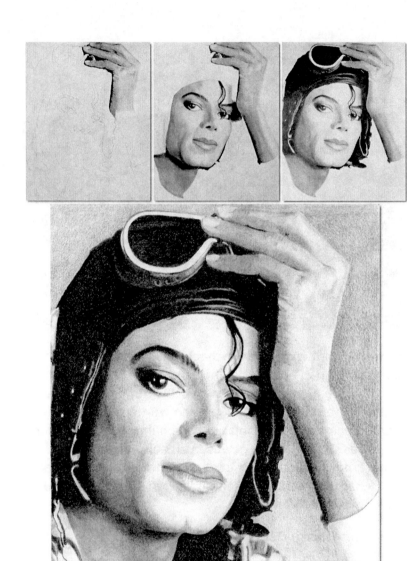

Anette Schmidt, Deutschland,  Bild-Entstehung „Leave me alone"

## Für Michael und alle die ihn lieben

Dein Tod war ein Schock, ich konnte es nicht glauben.
Ich habe geweint und war wie versteinert.
Gezweifelt und geflucht habe ich.
Ich habe fast den Verstand verloren...
Du konntest nicht sterben - nicht du...so viele vor Dir.
Aber warum du...noch so jung...
Deine Kinder, deine Familie, wie mussten sie dich
vermissen?
Michael, irgendwann musste ich mich damit abfinden, dich
nie live zu sehen.
Es tut mir so unendlich leid, dass ich dich auf keinem
Konzert gesehen habe.
Ich hatte nie die Zeit und das Geld. Wie sehr bereue ich
es, mir nicht die Zeit genommen zu haben und wie sehr,
nicht gespart zu haben, für eines deiner Konzerte.
Jetzt kann ich nur hoffen, dass wir uns kennen
lernen...irgendwann...irgendwo...vielleicht im Himmel...
Ich liebe dich...

Ramona Jackson, Baden - Württemberg, Deutschland

Bild: Inna Budnik, Russland

## L.I.E.B.E. für Michael

Michael, meine erste, einzige und wahre Liebe!
Du hast vor 30 Jahren mein Herz und meine Seele
berührt. Du hast in dieser Zeit so viel von Dir an mich
gegeben, dafür danke ich Dir aus tiefstem Herzen.
Du hast mir in schweren Zeiten durch deine Anwesenheit
auf dieser Erde beigestanden, bei Dir fand ich stets Trost…

Wie gerne hätte ich zu Lebzeiten dasselbe auch für Dich
getan! Leider führten unsere Wege nicht zueinander, mein
Lebtag fühlte ich mich innerlich nur Dir zugehörig und
jeden einzelnen Tag liebte ich Dich, auch wenn mein
Leben ein ganz anderes als das ist, was ich führen wollte…
In meinem Leben musste ich zu oft die Liebe zu Dir
verstecken und verheimlichen. Das tut mir unendlich leid

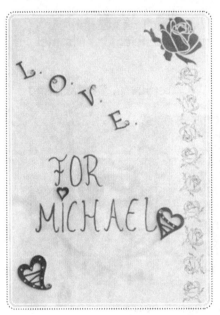

Michael, aber Du
weißt, ich musste es
tun.
Jede Faser meines
Ichs vermisst Dich so
sehr, dass Worte es
nicht ausdrücken
können. Mein Herz
ist zerbrochen und
meine Seele
schmerzt. Ich fühle
mich einsam und
verloren ohne Dich.
Ich vermisse Dich
mein Engel, die Welt
vermisst Dich, Du
wirst gebraucht!

138

Könnten wir nur die Zeit zurückdrehen und alles Ungeschehen machen. Was würde ich dafür alles geben!

Ich vermisse und liebe Dich bis ans Ende meiner eigenen Tage, bis dahin versuche ich in Deinen Sinne weiter zu leben und das, was Du mir gegeben hast, an viele Menschen weiterzugeben.

Ich werde Dich nie vergessen. Du bist ein Teil meines Lebens und Dieser fehlt so sehr.

Ich liebe Dich unendlich Michael. Ich lebe um Dich zu lieben, mein Engel, für alle Zeit...!

Mit dem allertiefsten Empfindungen und Respekt für Dich,

* * * * * * * * * *

Michael, Du warst, bist und bleibst die Liebe meines Lebens. NICHTS wird sich daran ändern, egal, welche Hürden ich deswegen auf mich nehmen muss.
Meine Liebe ist so groß, dass ich Dir gar nicht beschreiben kann wie sehr ich dich liebe......... Vielleicht gibt dies einen Anhaltspunkt: mehr als mein Leben und bis in die Unendlichkeit, wo immer die auch ist.

Ich vermisse Dich so sehr, Liebe und Mann meines Lebens! Danke, dass ich Dich so tief in meinem Herzen tragen darf...... Und ich wünsche mir so sehr, dass mein Leben anders verlaufen wäre, irgendwo habe ich die Abzweigung auf meinem Lebensweg verpasst..... Wo immer Du auch bist, ich hoffe mit der ganzen Kraft meines Herzens, dass Du meine Liebe spürst!

Deine Vera, Detuschland

Bild: Mercedes-Corvette Kainz, Österreich (Brandmalerei)

### Der Sinn
Der Wert, der Sinn im Leben,
ist Liebe und Harmonie zu geben

Der Wert, der Sinn im Leben,
ist gerne zu vergeben

Der Wert, der Sinn im Leben,
ist Michael´s Botschaft weiter zu geben

Bernhard Kainz „Hundeschweiger"
www.hundeschweiger.at

## Sternschnuppe

Du bist eine Sternschnuppe am Mitternachtshimmel.

Der Schimmer des ganzen Himmels, aber nur für einen Moment.

Du träumst, du denkst, du wartest auf den richtigen Zeitpunkt, wenn du, ein einzelner Stern für die ganze Welt sichtbar, dich in den Nachthimmel begibst.

Während du durch den Himmel reist, hinterlässt du die Spuren deiner Präsenz.

Du bist eine Sternschnuppe im Auge der Welt.

Du bist das scheinende Licht der Liebe und des Friedens!

Du bist HOFFNUNG wie der Mann bzw. Frau im Spiegel ("Man in the Mirror")

Du bist WIR!

Du bist ICH!

DU bist

~Rose für Michael

„Wenn man diese Welt in dem Wissen betritt, geliebt zu sein und sie auch mit diesem Wissen wieder verlässt, dann kann man auch mit allem, was dazwischen liegt, zurechtkommen...."Michael Jackson ♥

Vivien Rose, Österreich

Bild: Ira Linke, Deutschland

## Engel Michael

Der Erzengel Michael ist der Sieger über den Teufel.
Am 29. September wird ihm gedacht – genau einen Monat
nach Michael´s Geburtstag.

Er trägt den Namen dieses Engels.

Michael war der größte Entertainer aller Zeiten.
Ihm selber aber war es wichtig, seine Botschaften zu
verkünden. Es sind Botschaften, die wir alle kennen
sollten, die Wünsche nach Liebe, Frieden und einer
besseren Welt.

Michael wusste, dass viele Menschen ihn hören würden
aufgrund seines Bekanntheitsgrades.
Manche Menschen wollten Michael nicht hören, sondern
ihm schaden. Andere Menschen haben Michael gehört und
verstanden. Diese Menschen bemühen sich, Michael´s
Botschaften zu leben und sie weiter zu geben.

Gott hat Michael nach Hause gerufen.

Hat Gott Michael gerufen weil er seine Aufgabe erfüllt hat?
Hat Gott Michael gerufen weil er zuviel leiden musste?

Michael jedenfalls ist nun wieder zu Hause.
Dort, wo er sich wohl fühlt, geborgen und glücklich ist,
keine Schmerzen und kein Leid kennt...

Willkommen zu Hause Michael!
Bis wir uns zu Hause wieder sehen, bist du in meinen
Gedanken.

Michiru

Bild: Jordanka Englerth, Deutschland

**\*\*\*Ein Gedicht für Michael\*\*\***

Deine Stimme hörte sich an wie die Engel im Himmel
golden, sanft, streichelnd und liebend

Dein Herz war rein, kindlich, leidenschaftlich
warm, traute sich zu opfern

Du „Moonwalketest" auf Erden mit deinen weißen Socken
Dir selbst verschrieben mit all deiner Macht

Auf der Bühne warst du explodierendes Dynamit
als der König der Könige, der KING OF POP

Aber einst fiel der Vorhang über deine träumerischen
Augen
der demütigste Mann jemals, einfach und süß

Du warst einfach der Michael Joseph Jackson
der sich nach Zuneigung sehnte, schlecht!!! Hau ab!

Zu früh gegangen? Aber du wolltest es sein
und schriebst Geschichte, du bist ein Vermächtnis

Du bist das Gestern, Heute und Morgen
Ich weiß, dass dein Wunsch die Welt zu heilen nicht
vergeblich ist

Du wurdest als Engel ohne Flügel vom Himmel geschickt
es ist wahr, Niemand kann dich ersetzen

Lass mich die Tränen trocknen, die du hier vergossen hast
die härteste Prüfung deines Lebens verursachte deinen
Schmerz

Aber Niemand kann dein Herz verletzen, denn es ist rein
Niemand kann es brechen oder weg nehmen,

da bin ich mir sicher

Du bist mein Superstar, der Seelenverwandte in mir
mein bester Freund, mein Bruder, über all die Entfernung

Auch wenn wir uns nie kannten, nie sahen
gibt es nicht genug Worte es zu erklären

Du bist darüber hinaus ein menschliches Licht, ein
Regenbogen
durch das Universum wirst du fliegen, das machst du
schon

Wir sind die Welt, wir vermissen Peter Pan
das Leben ist für immer wenn ich an diesen Mann denke

Ich möchte Michael danken, mein Leben so berührt zu
haben
ich werde dir aus tiefstem Herzen ewig danken
*** *** *** *** *** *** *** *** *** *** *** *** ***

♥♥♥MariHeart♥♥♥

Bild: Elena Kolinko, Russland

Bild: Anette Schmidt, Deutschland

*„Wenn ich Kinder sehe,*
*sehe ich das Gesicht Gottes.*
*Deshalb liebe ich sie so sehr.*
*Das ist es, was ich sehe."*

Michael Jackson

Nichts ahnend ging ich in die Küche. Im Radio lief „Heal the World". Ich hatte das Lied schon länger nicht mehr gehört und
freute mich darüber.
Laut sang ich mit und eine Art Euphorie überkam mich.
Als das Lied zu Ende war, erklang eine sympathische Frauenstimme.
Doch sprach sie fürchterliche Worte aus.
In meinem Zustand der Euphorie sagte sie, eiskalt und ohne
Vorwarnung, dass Michael Jackson tot sei.

Ich war fassungslos.
Ich war regungslos.
Ich war geschockt.

Welch schmerzhafter Verlust!
Minutenlang stand ich in der Küche und versuchte, die Bedeutung dieser Worte zu verstehen.
Aber es gelang mir nicht.
Ich bin wie ferngesteuert durch den restlichen Tag gegangen.
Ich kann den Tag nicht mehr vollständig rekonstruieren, dafür erinnere ich mich umso besser an meine Fassungslosigkeit und dem Problem, diese Nachricht zu akzeptieren und zu verarbeiten.
Die große Leere, die ich spürte, kann ich nicht beschreiben.
Warum war mir erst jetzt klar geworden, wie viel MJ mir bedeutete? Weil ich ihn als selbstverständlich wahrnahm, als Teil meines Lebens und Teil meiner Erinnerungen.
Doch nun wusste ich, er war nicht mehr da. Das war es, was ich fühlte...

Als seine Todesnachricht kam, merkte ich plötzlich, wie viel er mir WIRKLICH bedeutete.
Ich hatte Michael schon immer gemocht und es geliebt,

Konzert – mitschnitte, seine Videos, etc zu sehen. Jedes Mal, wenn ich seine Musik hörte, versetzte mich das in einen glücklich- euphorischen Zustand. Mit ihm und seiner Musik bin ich aufgewachsen. So manch schöne Erinnerung verbind ich mit Michael.

Zwar hatte ich meine Zweifel an seinem Gesundheitszustand, als er „This Is It" ankündigte, aber ich war bereit, nach London zu reisen. Nur für ihn. Nur, um ihn einmal live zu erleben.

Wahrscheinlich kann man sich ein MJ Konzert nicht vorstellen, sondern muss es erlebt haben. Genau darauf hatte ich gehofft. Denn das war mein Wunsch, der sich nun nie erfüllen wird...

Es geht vielen Menschen wie mir:
sie sind mit Michael und seiner Kunst aufgewachsen.
Sie haben wundervolle Erinnerungen an ihn.
Wir sprechen über ihn wie über einen guten Freund oder Nachbarn. Seine Musik hat immer noch dieselbe glücklich – euphorische Wirkung auf mich. Daran wird sich auch nichts ändern. Oft bin ich in Gedanken bei ihm. Manchmal rede ich mit ihm.

Er musste viel leiden und gab trotzdem nie auf!
Danke Michael, für alles was du für uns getan hast!

Selten hat die Welt einen solch besonderen Menschen verloren wie am 25. Juni 2009.

Sehr oft wünsche ich mir, dass Michael´s Leben an einigen Stellen anders verlaufen wäre. Ich wünsche mir, ich hätte ihm helfen können.
Das erfüllt mich mit großer Traurigkeit.

Ich vermisse Michael....

Michiru

## Mein Geburtstagsbild

Ich überlegte mir dieses Jahr lange im Voraus,
was ich zum Geburtstag haben wollte, um es „weiter
verraten" zu können ;-) Nach der passenden Idee suchte
ich aber noch....

Ich sah auf Facebook gelegentlich die tollen Bilder von
Ira Linke. *(www.facebook.com/ira.linke)*
Die Idee des Geschenks war schnell gefunden: ein
gemaltes Michael Jackson Bild. Mittlerweile war ich mit ihr
in Kontakt getreten und konnte bei ihren Fotos noch mehr
großartige Bilder von Michael Jackson bestaunen.

Ira ist Portraitmalerin, malt am liebsten Michael Jackson
und nimmt auch Aufträge an, d. h. man sendet ihr ein
Foto von dem gewünschten Motiv. Ich erfragte ihre Preise,
überlegte aber noch.

Bis ich eines Abends bei Facebook DAS Foto sah! Als ich
dieses Foto von MJ erblickte wollte ich es sofort und
unbedingt haben. Es war ein Foto von Michael beim „BAD"
Videodreh. Darauf lächelt Michael nicht nur, nein, er
strahlt richtig von innen heraus. Das wollte ich haben!

Ich schickte Ira das Foto, gab ihr die Maße, in denen ich
das Bild haben wollte und mein Geburtsdatum –
schließlich musste Ira wissen, bis wann es fertig sein
sollte. Zwischendurch schrieben wir uns, um Details zu
klären.

Ira war sehr pünktlich fertig, richtete sich voll und ganz
nach meinen Wünschen.
Einige Wochen vor meinem Geburtstag war das Bild da.
Bis zu meinem Geburtstag allerdings wurde ich auf die
Folter gespannt.

Bild: Ira Linke, Deutschland (Bild für Jutta zum Geburtstag)

Ich bin fast geplatzt vor Neugier und freudiger Erwartung!

Und dann ENDLICH war es soweit, ich durfte das Paket
öffnen.
Da war er: ein strahlender, wunderschöner Michael nur für
mich!

Danke Ira!
Du hast mir ein großartiges Geburtstagsgeschenk
gemacht!

Jutta Keitmeier

Bild: Elena Rudenko, Russland

**Du** bist gegangen und die Nacht brach herein
Du bist gegangen und die Sterne am Himmel weinten
Und fielen hernieder...

In meinem Herzen gibt es keinen sehnlicheren Wunsch
Als dich zu sehen
Dich zu berühren
Zu wissen, dass du an dem Ort, an dem du verweilst,
glücklich bist und unendlich geliebt wirst.

Doch du bist fort...
Nur noch das Leuchten deiner Seele wärmt mich.
Dein Lachen, dein sanftes Lächeln,
Deine Augen, in denen mich die Liebe und die Trauer
Um uns immer noch zu zwingen, zu leben
Und auf ein Wiedersehen in der Zukunft zu hoffen...

In meinem Herzen gibt es keinen sehnlicheren Wunsch
Als zu wissen, dass du an dem Ort, an dem du verweilst,
glücklich bist und unendlich geliebt wirst.

Deine Worte haben meine Seele berührt.
Sie erfüllten sie mit der Hoffnung,
dass alles auf Erden vergänglich und irdisch ist,
dass wir hier nur Gäste sind.

Du bist nicht fort gegangen,
du kehrtest nur zurück in das Haus deines Vaters
wo du nun auf uns alle wartest...
Ein jeder von uns hat seine eigene Zeit, seine eigene
Aufgabe...

Du glaubst an uns, glaubst daran, dass wir besser werden,
dass es möglich ist, alles zu verändern.
Du bist nicht fort gegangen, du bist immer noch bei uns...
In jeder Dämmerung, jedem Sonnenuntergang lebt dein
Atem,

im Prasseln des Regens, im Gezwitscher der Vögel,
kann ich deiner Stimme lauschen.
Du heilst mein krankes Herz,
du bewahrst mich vor dem unbesonnenen Schritt.

Mit deiner Hilfe werde ich versuchen, besser zu werden,
und nach Veränderung in allem zu streben, ich beginne
mit
mir, mit dem Menschen im Spiegel, denn jeder hat seinen
eigenen.

Du bist nicht fort gegangen, du bist immer noch bei uns...
Doch warum fällt mir das Atmen immer noch so schwer...
Als dich zu sehen
Dich zu berühren
Zu wissen, dass du an dem Ort, an dem du verweilst...
Ich verspreche dir, die Zeit meiner Veränderungen ist
gekommen,
ich beginne mit mir...

Tatiana Velk, Moskau

Bild: Inna Budnik, Russland

154

Bild: Ira Linke, Deutschland

## ~ Die Michael Jackson Gedenkstätte in München ~

Foto: Sandra Mazur, Deutschland

Dies ist ein Ort des Gedenkens, des Zusammensein, ein Ort der Trauer und der Tränen, aber auch ein Ort der Freude und einer unendlichen Liebe, die kaum in Worte fassbar ist. Michael bringt die Menschen zusammen, das war schon immer so. Er beflügelt sie, er inspiriert sie...
Bereits im zweiten Buch „King of Hope" habe ich euch berichten dürfen, wie ich zu Michael gefunden habe und warum mir der Erhalt der Gedenkstätte so sehr am Herzen liegt. In den letzten drei Jahren hat sich mein Leben komplett verändert, inspiriert durch Michael. Durch seine Stärke, durch sein Fühlen und sein Wirken habe ich endlich meinen Weg und meine Erfüllung gefunden. Niemand ist wie er, niemand war wie er, niemand wird jemals so sein wie er. Wir vermissen und lieben dich unendlich Michael.

Auch nach nun mehr bereits drei Jahren haben wir das große Glück, uns um unsere geliebte Michael Jackson Gedenkstätte am Orlando di Lasso Denkmal in München kümmern zu dürfen. Niemand von uns hätte das am Anfang auch nur zu träumen gewagt. Viele Fans wissen, es gibt zwei Gruppen / Vereine die sich darum kümmern. Gerne möchte ich zu Beginn folgendes sagen, auch wenn wir vielleicht nicht immer einer Meinung sind, so ändert dies rein gar nichts an unserer gemeinsamen Liebe zu Michael und daran, dass wir alle die Gedenkstätte erhalten möchten, so lange es in unserer Macht steht - „Für Michael, für die Liebe und für die Gerechtigkeit"

Den Kampf um die Akzeptanz und den Erhalt der Gedenkstätte bei den Bürgern der Stadt München war im Sommer 2011 weitestgehend gewonnen. Es wird bewundert und ist fester Bestandteil der Stadtführungen und des Reiseführers von München. Es ist sogar gelistet unter den TOP 20 der beliebtesten Sehenswürdigkeiten von München. Menschen aus aller Welt kommen täglich um es zu bestaunen. Unsere Angst, dass wir unsere geliebte Gedenkstätte bald räumen müssten, wurde schwindend gering. Dies alles verdanken wir dem unermüdlichen Einsatz unserer lieben Denkmalfeen vor Ort, die sich tagtäglich ganz wundervoll um die Pflege der Gedenkstätte kümmern.

Nach nun mehr als zwei Jahren des Bestehens der Gedenkstätte hegte sich in mir der Wunsch, einen Schritt weiter zu gehen. Ich hatte schon lange mit den Gedanken gespielt einen Verein zu gründen, um den Erhalt des Denkmals auf ein finanzielles Fundament zu stellen. Nachdem ich endlich die Menschen gefunden hatte, denen ich absolut trauen konnte und denen Michael über alles ging, fing ich an, meinen Traum in die Tat umzusetzen. Wir gründeten unseren uneigennützigen Verein „MJJ Memorial Munich ~ Heal the Children e.V."

Zum einem war es mir wichtig dadurch die Feen vor Ort finanziell zu entlasten, denn die vielen Päckchen die

Fotos: Sandra Mazur, Deutschland (Denkmal München)

anfangs geschickt wurden, von trauernden Fans, blieben leider immer mehr aus und so auch das Geld, um das Denkmal aufrecht zu erhalten. Zwei Mal die Woche frische Blumen, Nachfüllkerzen, Folien für die Stufen, all dies kostet und war auf die Dauer zu viel für die Feen um es

alleine zu bewältigen. Zum anderen war es mir ein Anliegen Michaels humanitäres Erbe durch seine Fans weiter zu tragen. 50 % der Spendengelder sollten in die Pflege der Gedenkstätte investiert werden, die anderen 50 % werden an die Organisation „Ärzte ohne Grenzen" gespendet, um Kindern in Not zu helfen. Nun ist es bereits August 2012, seit der Gründung unseres Vereins ist bereits ein ganzes Jahr vergangen. Durch die Liebe, das Vertrauen und das unglaubliche Engagement vieler Fans war es uns im vergangenen Jahr möglich einen Spendenbeitrag von insgesamt 1175 € in Michael`s Namen an „Ärzte ohne Grenzen" zu spenden. Das freut mich sehr und gibt mir das gute Gefühl, das wir auf dem richtigen Weg sind. Unzähligen Kindern konnte geholfen werden und ich glaube Michael wäre froh und würde lächeln, wüsste er davon. Für unsere Spende an „Ärzte ohne Grenzen" haben wir uns vier Termine im Jahr gesetzt: Michael`s Todestag, sein Geburtstag, Weihnachten und Ostern. Nach jeder Spende, die wir senden, bekommen wir von „Ärzte ohne Grenzen" eine Spendenurkunde mit Michael`s Namen. Das ist uns sehr wichtig und funktioniert auch immer ganz wundervoll. Unser Verein wächst von Tag zu Tag, wir sind bereits über 71 Mitglieder. Allen liegt der Erhalt der Michael Jackson Gedenkstätte genauso am Herzen wie mir und den Feen vor Ort. Michael sagte immer „We Are All One ~ One Family" Enttäuschen wir Ihn nicht, lassen wir gemeinsam das Licht der Liebe niemals ausgehen. Man kann so vieles erreichen, man muss es nur wollen und an seine Träume glauben. Ich danke allen Fans, die diesen Traum mit mir gemeinsam träumen.
It´s all for L.O.V.E. & Michael
Wer uns unterstützen möchte, findet alle Informationen zur Michael Jackson Gedenkstätte sowie zu unserem Verein "MJJ Memorial Munich ~ Heal the Children e.V." auf unserer Homepage www.michael-jackson-memorial-munich.de

♥ Keep Michaeling Our Hearts For All Time
♥ He´s Our Love & Inspiration
♥ In Liebe...
♥ Sandra Mazur
♥ CEO & Founder "MJJ Memorial Munich ~ Heal the Children e.V."

Lieben Dank an Jutta Keitmeier, die mich fragte, diesen Bericht für das neue Buch zu schreiben.

Denkmal München, Sandra Mazur, Deutschland

Bild: Elena Rudenko, Russland

" *Bitte kämpft für eure Träume.*
*Was auch immer eure Ideale sind,*
*ihr könnt werden,*
*was auch immer ihr werden wollt.*"

Michael Jackson

## Phänomenaler MJ

Deine Teddybärbraunen Augen - unbeschreiblich schön!
Sie rauben mir den Atem
jedes Mal wenn ich sie sehe.

Ich kann dein Herz schlagen hören.
Ich habe das Gefühl, alles wird gut.
Mein trauriges Gesicht, in meinem Kopf dreht es sich,
meine Hände in Deinen
Meine Augen tränen etwas, ich möchte dich nicht
loslassen.

Dein Lächeln ist das Lächeln eines Herzensbrechers.
Dein Lächeln hat viele Herzen gebrochen,
es könnte die Antarktis zum Schmelzen bringen!

Dann diese Melodie...diese Melodie dringt an meine Ohren.
Ich kann die Vollkommenheit dieses Momentes nicht
begreifen.
Deine Arme fangen an, meinen Rücken zu streicheln,
Deine Augen möchten mich sehen, meine Lippen wollen
dich küssen.

Deine Hände...waren stark, sie schufen so viele,
wundervolle Dinge.
Gleichzeitig waren sie sanft, liebkosend und zärtlich -
um Liebe zu geben und zu heilen.

Ein tragisches Ende wird diesen Kuss wie einen Windhauch
beenden. Wenn du gegangen bist, wird es sein, als lebte
ich in der Hölle.
Ich will einfach nur an deiner Seite sein...
Ich will wieder von deinen Armen umschlungen sein.

Jutta Keitmeier, Deutschland
Lucia Rojas, Venezuela

161

Bild: Anette Schmidt, Deutschland

## Engel sind LIEBE

Wenn wir einen Engel geschickt bekommen,
wird er von Vielen nicht so wahrgenommen.
Man versucht ihn zu zerstören,
und will ihn einfach nicht erhören.

Doch die, die seine Botschaft verstehen,
werden ihn als solches sehen.
Sie werden seine Botschaft weiter tragen,
heute und an allen Tagen.

Engel kann man nicht verschweigen,
sie sind da, um uns den richtigen Weg zu zeigen.
Doch vielen ist das viel zu ehrlich
und halten es daher für gefährlich.

Sie möchten das Gute einfach nicht sehen
und alle Fakten nur verdrehen.
Doch ihr werdet die Wahrheit schon noch hören,
denn LIEBE kann man nicht zerstören.

Engel gehen nie so ganz,
sie hinterlassen uns ihren Glanz.

Engel fliegen nur voraus
und senden ihre LIEBE aus.
Love you with all my heart
Miss you :-( :-( :-(


Inge Dove, Deutschland

Bild: Laura Jackson, Belgien

164

Foto: Marin Schreiber, Deutschland

Gulnara Nurgaleewa, Russland

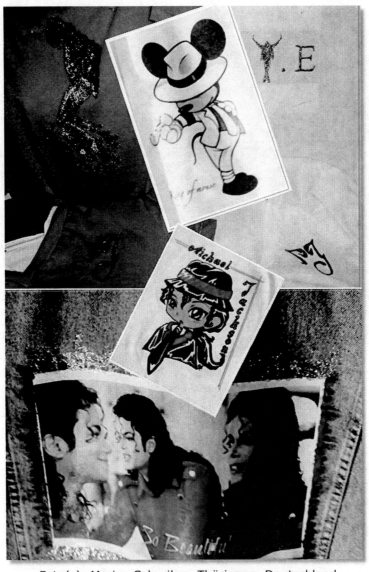

Foto(s): Marion Schreiber, Thüringen, Deutschland
T-Shirt´s und Jacke mit Michael ♥ selbst gemacht ♥

# Nachruf

„Dein Name wird uns begleiten.
Deine Stimme, Dein Gesicht, Dein Lächeln
Haben wir tief in unser Gedächtnis geprägt.
Es wärmt uns in dunklen Zeiten und
Es leuchtet wie ein Licht auf den Straßen,
wenn uns kalt der Wind entgegen schlägt."

*(Reinhard Mey)*


**Gibb, Robin**
*\* 22. Dezember 1949 + 20. Mai 2012*


**Houston, Whitney**
*\* 09. August 1963 + 11. Februar 2012*


**Summer, Donna**
*\* 31. Dezember 1948 + 17. Mai 2012*


Robin, Donna und Whitney waren Michael´s Freunde und Inspiration.

Von allen drei tollen Künstlern mussten wir dieses Jahr Abschied nehmen.


***Rest   in   Peace***

## Schlusswort

Eine solche Sammlung, wie die in dieser Buchreihe, findet kaum ein Ende.

Vor allem wird sie einem ganz besonderen Menschen gewidmet, über den es viel zu sagen gibt.
Michael Jackson war ein Megastar, außergewöhnlicher Künstler, fürsorglicher Humanist, liebevoller Vater und vieles mehr.

Es ist bewegend, ergreifend wie viel Herzblut und Emotionen in jedem einzelnen eurer Werke stecken!
Genau das macht die „Flügel für einen Engel" Bücher aus: eure Mitarbeit und all eure Emotionen.

Jedes eurer Werke ist ein Teil eurer Liebe zu Michael.
Viele Fans wollen und können ihm auf diese Weise nah sein.
Dabei spielt es keine Rolle welche Art des Ausdrucks ihr nutzt, ob ihr Gedichte, einen Fließtext schreibt, Bilder malt, oder Tattoos entwerft.

Wir danken euch herzlich für eure rege Teilnahme, die dieses dritte Buch ermöglichte.
Wenn ihr so weiter macht, ist ein viertes Buch möglich. :)

Zum Schluss noch ein wichtiger Hinweis:
Jeder kann Teil dieser Bücher sein. Wendet euch mit euren Kreationen, Werken, Fragen usw. an die E -Mail Adresse:
Fluegel_Fuer_Einen_Engel@gmx.de

Eure Werke aller Art könnt ihr jederzeit einsenden.

Jutta und Martina

## Danksagung

Ein besonderer Dank geht an alle Fans, die mit ihren Werken dieses Buch ermöglicht haben. Eure Mitarbeit ist sehr lobenswert. Danke für jede einzelne Zuschrift die wir erhalten haben. Mit jedem dieser wunderbaren Werke zollt ihr Michael unendliche Liebe und Anerkennung. Ihr seid einfach klasse! Ohne euch wäre dieses Buch nicht möglich gewesen. Danke für die zunehmend internationale Zusammenarbeit!

Vielen Dank an alle Leser für das Vertrauen. Danke für den Kauf dieses Buches und der Unterstützung dieser Buchreihe. Der Erlös dieser Bücher geht an verschiedene wohltätige Zwecke, die wir unterstützen.
(Mehr dazu auf der Seite „Spenden")

In erste Linie möchte ich mich (Martina) bei Jutta bedanken, denn ohne sie wäre Band Nummer drei nicht so schnell fertig geworden. Sie arbeitete an diesem Buch und an den Übersetzungen aller FFEE Teile gleichzeitig. Jutta nahm die Zügel in die Hand und arbeitete mit Vollgas der Vollendung dieses Werkes entgegen.

Auch möchte ich mich bei meiner Familie (Kainz) für ihre Unterstützung bedanken. Ohne meinen Mann und meine Kindern im Hintergrund, die immer zu mir standen, könnte ich diese Arbeit nicht fortsetzten.

Herzlich danken möchte ich (Jutta) meiner fantastischen Interviewpartnerin Jennifer Batten, Michael´s langjähriger Gitarristin. Martina machte mich auf die Veranstaltung Aufmerksam und durch den lieben Robert (Jennifer´s Manager) bekam ich einen Termin bei Jennifer. Das Gespräch mit ihr war einfach fabelhaft! Sie war offen, ehrlich, geduldig, humorvoll und eine tolle Gesprächspartnerin.

Vielen Dank für diesen unvergesslichen Tag und das großartige, großzügige Interview!

Danke an Ken Stacey, Michael Jackson`s langjähriger Backgroundsänger, für den Einblick in seine Arbeit mit Michael Jackson.

Kim Moses und Carol Heyer möchten wir danken, dass sie zwei großartige Werke zur Verfügung gestellt haben. Diese liebevollen, enthusiastischen Künstler waren bereits Teil von Band eins und nun auch von Band drei.
Danke Kim! (www.vip-stylepaint.com)
Danke Carol! (www.carolheyer.com)

Ein weiteres Dankeschön geht an Marion Schreiber. (SchreiberMarion@t-online.de) Nicht nur für ihre tollen Bilder. Zudem hat sie vermittelt und uns herzlich unterstützt. Vielen Dank dafür!

Besonders herzlich bedanken möchte ich mich bei Petra für einen herrlichen und spontanen Ausflug nach Detmold (Interview mit Jennifer Batten). ;) Danke Petra! Nicht jeder wäre dazu bereit gewesen.

Danke ist zwar nur ein kleines Wort, aber es tut dem Herzen und der Seele gut, es einfach mal gesagt zu haben.

Jutta und Martina

## Über die Autorinnen

**Martina Kainz**

geboren am 22. Dezember 1971
verheiratet, drei Kinder
Kontakt: facebook.com/martina.amti.kainz, oder über die
Michael Jackson Denkmal Seite:
denkmal4michael.jimdo.com

Martina wuchs in Pressburg auf und ist das zweite von drei
Kindern. Nach einer Ausbildung in der juristischen
Verwaltung in der Slowakei arbeitete sie für einen
Slowakischen Fernsehsender.
Nach der Wende machte sie Kalkulationen für den
Slowakischen Bahnverkehr, bis sie im Jahre 1991 nach
Niederösterreich zog und heiratete.
Sie bekam drei Kinder und arbeitete seitdem von zu Hause
aus am PC und malt Bilder (Fassaden, Öl, Acryl,
Bleistift...).
Martina betreut zudem das Management ihres Mannes

Bernhard Kainz, dem „Hundeschweiger"
(www.hundeschweiger.at). Er arbeitet mit so genannten
Problemhunden. Oftmals sind diese Hunde keine
Problemhunde, sondern einfach nur missverstanden bzw.
unverstanden.
Neben der Familie, Firma und dem Malen, ist Martina die
Initiatorin des Michael Jackson Denkmals in Mistelbach,
Österreich sowie der „Flügel für einen Engel" Buchreihe.
Michael Jackson spielt eine große Rolle in ihrem Leben.
Durch die Arbeit an den Büchern, am Denkmal und dem
Malen entstehen viele wundervolle Kontakte zu anderen
MJ Fans.

Bild: Ira Linke, Deutschland

## Jutta Keitmeier

geboren: 1984, ledig
Kontakt: Fluegel_Fuer_Einen_Engel@gmx.de, oder auf der
offiziellen Facebook Seite: facebook.com/FFEE.MJ.Angel

Jutta ist im sozialen Bereich tätig. Sie arbeitet mit
Menschen aller Altersklassen, Menschen mit verschiedenen
Problematiken, Menschen mit Behinderungen, Menschen
mit psychischen Erkrankungen, Menschen wie du und ich.
Unterstützung bekommen sie auf pädagogischer,
pflegerischer und hauswirtschaftlicher Weise.

Darüber hinaus geht sie mehreren Ehrenämtern nach.

*"Michael hat mich mein Leben lang begleitet - mal mehr, mal weniger intensiv.*
*MJ war etwas ganz selbstverständliches, er war schließlich immer irgendwie da....*

*Bis er eines Tages nicht mehr da war....."*

*Jutta Keitmeier*

Bild: Marion Schreiber, Deutschlan

# Buchtipps

## Flügel für einen Engel 4 Michael

**ISBN: 9783842332027**

**Broschiert:** 248 Seiten
**Auflage**: 1 (11. November 2010)
**Sprache:** Deutsch
**Größe:** 22 x 15,4 x 1,6 cm

## Feedback unserer LeserInnen

Es hat mir viele wunderbare Stunden mit euch und Michael beschert, die ich so sicher nicht erlebt hätte, es gibt so Vieles, was ich ohne Michael niemals erlebt hätte, aber das Buch war wohl für mich das absolute Highlight, einfach das Allerallerallergrößte und ich hoffe sehr, dass es noch viele Leser findet, denn das Buch ist das, was Michael war, einfach nur L.O.V.E., mehr gibt es darüber nicht zu sagen...

Achildsbliss

♪ * ♫ * ♪ * ♫ * ♪ * ♫ * ♪ *♫

Dieses Buch ist echt superklasse!!! Ich habe es ja auch bereits und habe es auch schon gelesen! Es ist der HAMMER!! Es ist alles so schön geschrieben! So liebevoll und mit so viel Herz. Wenn Michael das sehen könnte, er würde sich, glaube ich, persönlich bei euch bedanken!! Und bei all seinen Fans. Jedenfalls hat mich dieses Buch

wirklich zu Tränen gerührt! Ich finde es einfach nur toll toll toll toll.
*daumenganzweitrauf*
*daumenhoch* *daumenhoch* *daumenhoch*
*gefällt mir`*

MJ-Mercedes

♪ * ♫ * ♪ * ♫ * ♪ * ♫ * ♪ *♫
Habe mir das Buch auch gekauft! Vielen Dank an alle, die daran mitgewirkt haben! Es ist wirklich sehr liebevoll geschrieben und die schönen Bilder dazu, einfach göttlich! Es berührt einen so sehr, man merkt dass es mit sehr viel Liebe geschrieben wurde! Nochmals vielen Dank an alle, Ihr seid einfach wunderbar, so wie Michael es war! Ich hoffe, ER kann es von oben sehen!

Sylvia

♪ * ♫ * ♪ * ♫ * ♪ * ♫ * ♪ *♫
Ich bin überwältigt von dem Buch und gestern, als ich zum ersten Mal in dem Buch las, war ich doch schon etwas zu sehr von Gefühlen und Emotionen überrascht, so dass ich erst eine halbe Seite lesen konnte. Aber heute werde ich Seite um Seite lesen können. Es ist ein wunderschönes Buch, ein gelungenes Buch.

Kim Moses ist ein Schweizer Künstler und Autor

♪ * ♫ * ♪ * ♫ * ♪ * ♫ * ♪ *♫
... so viele Emotionen!!!! Mein Gott... Michael... danke Dir!!!! Ich weine... vor Freude darüber!!!!! Ich gratuliere euch allen... allen, die im Buch sind... für die Schaffung Eures Werkes!!!!!!!!!!! Ich freue mich riesig für Euch!!!!!!! Uns!!!!!!... für uns alle... ich fühle es wirklich... ich halte das Buch in den Händen!!!!!!!!

Ina

## Flügel für einen Engel
## King of Hope

**ISBN: 9783842369849**

**Broschiert:** 236 Seiten
**Auflage:** 1 (22. Juli 2011)
**Sprache:** Deutsch
**Größe** 21,8 x 15,4 x 1,8 cm

## Feedback unserer LeserInnen

Dieses Buch enthält so viel Gefühl! Die Gefühle der
Trauer, Trauerverarbeitung, freudige Erinnerungen, die
Weitergabe Michael's Botschaften uvm wurde im zweiten
Teil dieser Buchreihe gesammelt. Anbei enthält es
großartige Bilder, die Fans von Michael gemalt haben. Ich
finde dieses Buch toll, da es einen Ausdruck der Fans
darstellt!

Michiru

♪ * ♫ * ♪ * ♫ * ♪ * ♫ * ♪ *♫

Das erste Buch war ja schon so zauberhaft gewesen. Man
spürt die Liebe der Fans zu Michael Jackson. In den
schönen Gedichten, die sie für ihn verfasst haben, spürt
man das sehr deutlich. Das zweite Buch ist einfach toll.
Mir kommen immer wieder die Tränen, wenn ich die
schönen Gedichte und Poesien lese. Er war wahrhaftig ein
Engel auf Erden für uns und wird es immer sein. Auch ein
herzliches Dankeschön an die alle Fans auf der Welt, sonst

hätte es dieses Buch nie gegeben. Auch ein ganz lieben
Dank an Martina Kainz, ohne sie wäre es wohl
nicht möglich gewesen. Auch einen Dank an alle Anderen,
die dazu beigetragen haben. Danke!

Daniela

♪ * ♫ * ♪ * ♫ * ♪ * ♫ * ♪ *♫

Ganz heimlich bin ich Martina und ihrer Seele ganz nah.
Ich liebe Martina Kainz :-) Es ist ein tolles und
lesenswertes Buch. Es gefällt mir von Seite zu Seite
besser!

„Scheinwelt"

♪ * ♫ * ♪ * ♫ * ♪ * ♫ * ♪ *♫

Auch in diesem wunderschönen Buch lassen die
Autorinnen wieder die Fans zu Wort kommen, die in
Geschichten, Gedichten und Zeichnungen versuchen, ihre
Trauer zu bewältigen. Trauer, die auch nach über zwei
Jahren noch allgegenwärtig ist.
Der Leser taucht ein in die Gefühle der Fans aus aller
Welt, man kann nicht aufhören zu lesen. Ich hatte ganz
oft einen dicken Kloß im Hals und Gänsehaut, weil diese
Texte einfach unglaublich emotional und schön sind.
Dieses Buch - wie auch der Vorgänger "Flügel für einen
Engel" wird mich von nun an begleiten. Ich habe mir viele
Stellen, die mir besonders gefallen haben,
gekennzeichnet, damit ich sie mir immer wieder schnell
mal ins Gedächtnis rufen kann.
Ein großer Dank geht an die Autorinnen, die es mit viel
Liebe und Engagement möglich gemacht haben, ein so
schönes Werk zu erschaffen.

Brigitte

**Spenden**

Der Erlös dieser Buchreihe wird wohltätigen Zwecken gespendet. Es werden diverse Projekte unterstützt

Martina spendet ihren Teil an Tierheime, die gequälte, ausgesetzte, verwahrloste und aus Tötungsstationen gerettete Tiere aufnimmt und sich um sie kümmert. Als Frau eines Hundecoaches hat Martina entsprechende Kontakte und weiß, wie sie helfen kann. Den betroffenen Tieren wird durch Tierärztliche Untersuchungen, Impfungen, Spielzeug, Körbe, Decken, sowie die Vermittlung in liebevolle Pflegefamilien geholfen.

Ein anderes, von Jutta unterstütztes Projekt, sind die „Ärzte ohne Grenzen". Sie sind neutral, unparteiisch und haben sich der medizinischen Versorgung aller Menschen auf der Welt verschrieben. Die „Ärzte ohne Grenzen" handeln unabhängig von Nationalität, Alter, Geschlecht, Religion, Hautfarbe, usw. Zusätzlich, zur medizinischen Versorgung, helfen sie bei Katastrophen, Krisen und Kriegen.

Hanna, von Band eins, unterstützt einen russischen Fanclub der wiederum die „Regenbogenherzen" unterstützt. Diese Organisation finanziert Operationen, Therapien, Medikamente für bedürftige Kinder. Darüber hinaus besorgen sie Geburtstagsgeschenke, Spielzeug für die Kinder eines Moskauer Krankenhauses und haben einen Besuchsdienst für diese Kinder eingerichtet.

Tina, von Band zwei, unterstützt eine Elternselbsthilfegruppe, deren Kinder Drogen – und Alkoholprobleme haben.

Mit dem Kauf dieses Buches / dieser Buchreihe unterstützen Sie bedürftige Kinder, Menschen in Not, sowie Not leidende Tiere. Wir danken Ihnen herzlichst für Ihre Unterstützung!

Natürlich können Sie jedes dieser Projekte individuell und unabhängig von dieser Buchreihe unterstützen.
Kontakte:
www.aerzte-ohne-Grenzen.de
http://elternselbsthilfedillingen.info/phpkit/index1.php
http://rainbowhearts.jimdo.com
www.hundeschweiger.at

Bild: Inna Budnik, Russland

## Bilder, Illustrationen:

Budnik, Inna, Russland
Englerth, Jordanka, Deutschland
Heyer, Carol, USA, http://www.carolheyer.com
Jackson, Laura, Belgien
Kolinko, Elena, Russland
Linke, Ira, Deutschland
Milanian, Brigitte, Deutschland
Moses, Kim, Schweiz, www.vip-stylepaint.com
Nulgareewa, Gulnara, Russland
Orlow, Artemi, Deutschland
Ovsiannikova, Olesia, Russland
Rachko, Maria, Russland
Rudenko, Elena, Russland
Schmidt, Anette, Deutschland
Schreiber, Marion, Deutschland,
http://marionschreiber.blogspot.de
Verseau, Louise, Russland
Walldèn, Christine, Schweden

## Tattoo Fotos:

Davidikova, Dana, Slowakei www.screamtattoo.sk
Dove, Inge, Deutschland
Polanig, Karl, Österreich
Schreiber, Marion, Deutschland
Tekin, Sezin, Türkei

## Fotos:

Bölting, Eike, Deutschland
Budnik, Inna, Russland
Dove, Inge, Deutschland
Kainz, Mercedes-Corvette, Österreich
Mazur, Sandra, Deutschland
S., Anja, Deutschland

Schreiber, Marion, Deutschland
Verseau, Louise, Russland

## Links:

http://www.dorianholley.com
http://www.facebook.com/jonathanphillipmoffett
http://www.jenniferbatten.com
http://www.kenstacey.com
http://www.carolheyer.com
http:// www.vip-stylepaint.com
http://marionschreiber.blogspot.de
http://www.make-that-change.de
http://www.ForeverDangerous.com
http://www.youtube.com/watch?v=TqIMT4CdkfE

Bild: Marion Schreiber, Deutschland

```
_____§§§$$§§$§_
_W_____$$$$$§§§$$§§§$_
_____($$$$$$§§§$$§§§$§_(§§)_
_E_____($$$$$$$$$§§§§$$__$§§$)~
_____(§§§$$$§§$$§§§§§§§§§$§~
_____((_($$§§$§§$§§§§§§§§§§§$$$
_L_____))_(§$$$$$$§§$$§§§§$§§§§~
_____((_)_((§$§§$§§$§§§§§§§§§((....
_O_____))_)_§$$))_$$$§§§$$§§§§§§§§§
_____(__(_))_§§§§§§$$§§§$§§§§§§§
_V_____(__$_$§§§§§§$§§§$$§§§§§§§§
_____)_$_§§§§§§§§§§$§§§$§§§§__§
_E_____)$__§§§§§§§$§$_$§§§§___§§$
_____M_____(§___$§§§§§§§$_§$$___§§§§§§
_____($§__§§§§§§$$§§§_$__§§§§§§$§§
_Y_____I_____§§§_§$$$$$§§§§§§§§$§_§§§$§§§§§§
_____(§__§§§§§§§§§§§§§$$§_§§$_§§§§§
_O____C_____(§_$$§§$§§§§§§§§$$§§§_§§§§§§
_____§_$$§§§§§§§§§$$§_§§§§§§§§§
_U____H_____§__$$§§§§$§§§§§§$_§§§§§§§§§
_____§_$$§§§§§§§§§__$§§§§§§§$§
_____A_____§_$$_§§§§§§§§§§§§§§§§§
_____§§§§_§§§§§§§§$§§§§§§§
_____E_____§§§$$::::§§§$§§§§§$§§_§
_____§§§§:§§§§§§__§§$§§§$§_§§
_____L_____§§$:§§§§§$$$§___§§§§§§§§
_____§§:§§§$$§§§$$__$§§§§§§§§
_____$$§:§§§§$$§§§§§§§§§§§§§§§§§__§§§
_____$$§:§§$$§§§§§§§§§§§§§§§§§___$§§
_____$$$§::$§§§§§§§§§§§§§§§§§§§_____§§
_____$$$§::§$$$$FL$§§§§§§§§§$_____§
___$$$§::§§§$$§§§§§§$$§§§§§
_$§§::§§§$$§§§§§§§§§§§§
$§§§$§§§§§§$$§§§§§§§§
§§§§§§§$$§§§§§§
_§§§§§§§§§$§§_§§§$
_§§§§§§§§§§$§§$_§§§
__§§§§$§§§$$§§§$_§§
___§§§§§$§§§$$§§§$_§§
_____$§§§§§§§§§§§§$_§§
_____§§§$§§§§§§$§§§$_§
_____$§§§§§§§$$§§§§§_§§
_____§§§§$$§§$§§§$§§_§
_____§§§$$$§§§§§§$$§§§§
_____$$$$$§§_§§§§§§§§§§§§
_____§$§§§§§_§§§§§§§§§$$§§§
_____§§§§§§_§§§§§§§_$§§§$
_____§§§§§§_§§§§§§__§§§
_____§$§§$_____§§§§
_____§§§§§_§§__§§§§$
_____§§§§§§__$§§§§§§§
_____§§§§§§____§§§§§
_____§§§$§§___§§§§§
```

187

Wir möchten ausdrücklich darauf hinweisen, dass wir für den Inhalt sowie die Urheberrechte der uns zur Verfügung gestellten Texte, Bilder und Zeichnungen keinerlei Verantwortung übernehmen.

Lightning Source UK Ltd.
Milton Keynes UK
UKOW032219150113

204896UK00010B/831/P